海女、このすばらしき人たち

川口祐二

北斗書房

目次

海女、このすばらしき人たち

第三章　海女、このすばらしき人たち

第一章　『万葉集』の海女、俳句に詠まれた海女

志摩越賀の磯で

一　『万葉集』の海女、ほか

（一）『万葉集』で海女を読む

海女はいつごろ出現したのだろうか。そのことについて、明確に答えてくれるものはない。弥生時代の古墳からの出土品の中に、鹿の角でできたアワビの採捕道具と思われるものがあるが（鳥羽市浦村町白浜遺跡）、文献での考察の手がかりとしては、『魏志倭人伝』であろうか。三世紀後期に成立した日本古代史に関する最古の資料であり、その中に九州松浦のことが書かれていて、宮本常一はそこを次のように現代文に訳している。

住民たちは好んで魚やアワビをとってくらしをたてている。そして海の深いところ、浅いところ、どこでも皆もぐってこれをとっている。

『海の民』※1の冒頭の「海人ものがたり」の最初に出てくる文章である。ここにいう「海人」は「アマ」と読む。「アマは古い書物には、海人、海士、白水郎、海女などの字が用いられているが、ここでは主として海人と書いてみたい。なぜなら海人には男も女もいたからである。」と、同書では述べられている。

『魏志倭人伝』よりは更に時代が下がって、『万葉集』になると、「海人」を題材とした歌が多く見られる。長歌、短歌ともに多数だ。『万葉集』は八世紀半ば七五九年までの歌四五一六首二〇巻からなる。

数多い先達の研究の中で、和歌森太郎著『歴史研究と民俗学』※2の中の第二章「民俗の歴史的様相」の、「四『万葉集』における民俗」において、次のような記述を見出すことができる。

狩や林業がすべて、男性の仕事であったことは疑いないが、漁業となると女の仕事が見えること、今日の民俗と変りない。歌よみに最も印象強かったのは、潜水のあまらしい。しかし、古語があまというとき、必ずしも皆潜水するものではなかった。

それに次いで、「いずれにしてもあまをうたったものとして、」と述べ、数首の例を挙げる。「野島の海人の海の底」と詠んだ山部赤人の長歌（巻七―933）※3「朝な夕なに潜くとふ」と鰒貝《あわびがい》をとる白水郎《あま》の一首（巻一一―2798）、これは柿本人麻呂の作である。そのほか、鮪《しび》を釣る海人（巻六―938）や、すずき釣る白水郎（巻三―252）が一例として出されており、さらに次

※1　未来社刊宮本常一全集第20巻　一九七五・一二・二〇
※2　弘文堂刊　一九六九・一・一五
※3　『国歌大観』による歌番号、以下同様。

の一首が加えられている。つまり、筑前の国守であった山上憶良の作、「大船に小船引き副《そ》へ潜るとも志賀の荒磯に潜きあはめやも」（巻一六―３８６９）である。この一首は、「対馬に食い物を送る船の舵取り」のことを詠むと、折口信夫は「万葉集巻十六講義」※4で説明している。宗像の年老いた百姓の代わりに志賀の海人である荒雄が代わって船を出したが、暴風雨により海中に沈没して死んだことを題材にしている。志賀は、「漢倭奴国王之印」つまり「金印」の出た地である。

ちなみに、『広辞苑』（第六版）を開き、「あま」に当たると、「海人、蜑」とあり、括弧書きで（「あまびと（海人）」の略か）と説明があり、「魚や貝をとり、藻塩などを焼くことを業とする者」とある。漁民全体を「あま」と捉えている。

白川静の大著『字通』で、「蛋」を探すと、次の説明がある。

　字はもと蜑に作り、――中略――南方の少数民族で蛋家・蛋戸とよばれ、舟を家とするものがある。わが国ではそのような海人を「あま」とよび、蛋の字をあてた。――以下略――

和歌森太郎はさきにあげた数首から、次のように言う。

――前略――その他数多く見えるが、ここにも潜くあま、釣するあま、藻刈り塩焼くあまなど種々見える。要するに海人一般があまであった。

集中、あまの歌でよく知られる一首に、

伊勢の白水郎の朝な夕なに潜くとふ
鰒《あわび》の貝の独念《かたもひ》にして（2798）※5

があるが、ここでいう「白水郎」については、『岩波古語辞典』では「海人（あま）の異称。万葉集では歌ことばとしては、みなアマとよむ。」とある。

このことを折口信夫は次のように講義した※6。

崑崙《こんろん》山の水源をなす川に白水があり、そこの男が水にもぐることがうまかった。それで白水郎が文学にも出てくる。で、日本人が中国の文学からとって、「あま」にあてた。中国の白水

※4　中央公論社刊『折口信夫全集』ノート編第十一巻　昭和四六・一一・二〇
※5　岩波文庫『新訂新訓万葉集』佐佐木信綱編による。以下同様。
※6　出典は※4に同じ

郎は川にもぐる連中で、海へはもぐらない。

前出の古語辞典では、「遣唐使などが、日本と中国との交通路にあたっていた白水の地の名を、アマに宛てたのであろうという。」、と説明している。

このように、『万葉集』では、「あま」「海人」「蜑」「白水郎」「海女」と幾つかの表記で、歌が詠まれているのである。これらの文字を使って詠まれた歌は、集中優に一〇〇首を超えるであろうが、和歌森太郎の言葉の「潜水採取の女」、つまり「海女」の歌に限って拾いあげていくと、歌数はそれほどでもなく、二〇首くらいになろうか。ここでいう、「潜水してとる」ものは、アワビだけとはかぎらない。

海女研究の第一人者である大喜多甫文《おおきたとしふみ》さんの大著『潜水漁業と資源管理』[※7]の中で、次のような記述を読むことができ、参考になる。

> 白水郎、海人、海子の性別について、万葉集には女の海人を「玉藻苅る海未通女ども見に去かむ、船梶もかも浪高くとも」（巻六、九三六）のように、海未通女（アマオトメ）と使い分けている場合もあるが、「然の海人は軍布苅り塩焼き暇無み、髪梳の小櫛取りも見なくに」（巻2、二七八）とあるように、海人でも女を指す場合があり、作者によりその使用法が異なるので海人、白水郎から男女を区分することは困難である。

折口信夫の講義録では、川に潜る男が白水郎、とあるが、大喜多さんの同著には、谷川士清《たにがわことすが》の『倭訓栞』からの説をとり、「このような由来を有する白水郎が、わが国の潜水漁民と結びついたもので、倭の潜水漁撈習俗を伝え聞いた中国人が、倭の潜水漁民に『白水郎』の字を当てたのであろう。」、と述べられていて、『万葉集』の中に出てくる「あま」関連の言葉の理解に役立つ。「海女」の歌に「白水郎」を遣って詠まれているのがある、ということだ。

まず、巻三の石川少郎の一首。

志賀《しか》の海人《あま》は海布《め》刈り塩焼き暇《いとま》なみ
髪すきの小櫛《をぐし》取りも見なくに（278）

忙しくて髪の手入れもできない、ということであるから、「海女」をうたうと考えてよい。同じ巻三には、

塩干《しほひ》の三津の海女《あま》のくぐつ持ち

※7　一九八九・二・一刊　古今書院、原典は横書き。

玉藻刈るらむいざ行きて見む（２９３）

「海女」を新らしい岩波文庫『万葉集』（一）では、「あまめ」と読む。これは音数を考慮してのこととある。「くぐつ」はカヤツリ草科のクグで編んだ籠。もう一首を巻三から探し出せる。

須磨の海人の塩焼き衣の藤衣
間遠にしあればいまだ着なれず（４１３）

ノダフジのつるから採った繊維で織った粗末な衣を着るのは女性である、と『万葉集』の編者は言う。

巻六から四首。まず山部赤人の長歌。

前略―国しらすらし　御食《みけ》つ国　日《ひ》の御調《みつき》と　淡路の　野島《のじま》の海人《あま》の　海《わた》の底　沖つ海石《いくり》に
あはび珠　多《さは》に潜《かづ》き出《で》　船並《な》めて　仕へまつりし　貴し見れば（９３３）

野島の海人は、男女どちらともとれる。男も潜ってアワビをとったからである。次は笠金村《かさのかなむら》の長歌の一部である。

前略―松帆《まつほ》の浦に　朝なぎに　珠藻刈つつ　夕なぎに　藻塩やきつつ　海《あま》をとめ　ありとは聞けど　見に行かむ―以下略（９３５）

ここは「海をとめ」とあるから「海女」であろう。しかし、アワビをとる海女ではなく、「藻塩をやくあまをとめ」である。その反歌は次のとおり。

玉藻刈る海《あま》をとめども見に行かむ
船楫《ふなかぢ》もがも波高くとも（９３６）

須磨《すま》の海人《あま》の塩焼衣《しほやきぎぬ》の馴《な》れなばか
一日も君を忘れて思はむ（９４７）

これは、「敏馬浦《みぬめ》を過ぎし時」とうたう赤人の長歌に続く反歌である。

次に巻七からは六首。

漁《あさり》する海《あま》をとめらが袖とほり

ぬれにし衣《ころも》干《ほ》せど乾《かわ》かず（１１８６）

潮満《み》たばいかにせむとか方便海《わたつみ》の
神が手わたる海《あま》をとめども（１２１６）

海神《わをつみ》の持《も》てる白玉見まく欲《ほ》り
千《ち》たびぞ告《の》りし潜《かづき》する海人（１３０２）

潜《かづき》する海人《あま》は告《の》るとも海神《わたつみ》の
心し得ねば見ゆといはなくに（１３０３）

底清みしづける玉を見まく欲《ほ》り
千たびぞ告《の》りし潜《かづき》する白水郎《あま》（１３１８）

これらに使われている「告りし」「告る」は、「海神」にとなえごとを言うことであろうか。志摩の海女が潜くときに、「ツオイ」と声を発するなどと関係するものと考えられる。和歌森太郎の同著の中に、今の海女にも、沖に出て鮑を取りに船から飛び込むとき、アワビオコシとかカイガネとかイソガネ、アマガネなどという銕を以て舷側を叩き「エビス」と唱えたり「ツイヤ龍宮サン」と唱えたり、或はただ「ツイツイ」「ツヤツヤ」などと唱えてもぐる風が伝わって来ている。

といった文章を読むことができる。「銕」は「鐵」の異体字である。

巻七から、さらにもう一首をあげれば、

伊勢の海の白水郎《あま》の島津が鰒玉《あはびたま》

取りて後かも恋の繁けむ（1322）

がある。この歌などは、「恋」の歌として読みたい。「苦心して女を手に入れた後も、恋ひは止むと云ふ事なく」※8と折口信夫は言う。

※8　中央公論社刊『折口信夫全集』第四巻　一九六六・二・一五

伊勢の白水郎《あま》の朝な夕なに潜《かづ》くとふ
鰒《あはび》の貝の独念《かたもひ》にして（２７９８）

前出の巻十一のこの一首も、自分は片思いであるので、こんなに恋い焦れているのだと歌う。

巻十二にある、

海《あま》をとめ潜《かづ》き取るとふ忘れ貝
世にも忘れじ妹が光儀《すがた》は（３０８４）

は、「海女」であろう。また、巻十五の、

阿胡《あご》の浦に船《ふな》乗りすらむ娘子《をとめ》らが
赤裳《あかも》の裾《すそ》に潮満つらむか（３６１０）

は、三重県の海に関する記事などには、よく引用される一首である。
巻十七にある、

吾背子をあが松原よ見渡せば
海人《あま》をとめども玉藻《も》刈る見ゆ（３８９０）
海少女《あまをとめ》漁《いさ》り焚《た》く火のおほほしく
都努《つぬ》の松原おもほゆるかも（３８９９）

これら二首も、「海女」と読み変えてよいだろう。
また同著弟三章「歴史と民俗との交錯」の「七　志摩民俗の歴史的条件」の中で、次のような個所を読むことができる。

万葉の時代、アマというとき、今日のいわゆる海女ばかりをいっているのではない。要するに海人一般、漁師たちがアマである。その中には、かりに分けて書けば、男の海士もおり、女の海女もいたわけである。このごろでは、男アマというふうに、あえて男を冠しなければ海士を指しにくくなったように、普通にアマといえば海女のことになっている。—以下略—

近ごろでは、男が海女と同じように、同じ漁場で潜ってアワビやサザエを捕獲する漁師が年を追って増えている。男のアマであり、「海士」と書いて「あま」と読むようになった。目で読んだときは、「士」によって男であると理解できる。数年前であったが、前志摩《さき》半島越賀《こしか》の漁場で、夫婦がいっしょに潜るのを見たし、大分県臼杵市の漁村泊ヶ内の海女から、かつて夫婦で潜きの仕事をしたことを聴いた（第二章九参照）。

（二）『枕草子』など

『枕草子』の終わりに近い三〇六章は、「日のいとうららかに、」で始まるが、文中に、「海女」の仕事のことについて、作者清少納言は、「まいて海女のかづきしに入るは憂きわざなり。腰に着《つ》きたる緒《を》の絶えもしなば、いかにせんとならん。」、と心配している。

一方、『源氏物語』ではどうか。

『源氏物語辞典』（北山谿太著・平凡社刊）を頼りに調べると、「夕顔」や「宿木《やどりぎ》」の章に「海人」が出てくるが、岩波文庫ではそこは、「海士」と表記されていて、「海女」ではなさそうだ。なお「行幸《みゆき》」の章では、

恨めしや沖の玉藻をかづくまで
磯がくれける海人のこころよ

よるべなみかかる渚に打ち寄せて
海人もたづねぬもくづとぞ見し

がある。引用の二首は「谷崎源氏」の表記であるが、どちらも比喩として海人を使っているだけで、潜く仕事を見ての作ではない。
ちなみに、明治期の短歌で探せば、若山牧水の歌集『別離』上巻・下巻の中で、各一首ずつを見つけることができる。

海女《あま》の群《むれ》からすのごときなかにゐて
貝《かひ》を買ふなりわが恋人《こひびと》は
藻草《もぐさ》焚《た》く青きけむりを透《す》きて見ゆ
裸体《はだか》の海女《あま》と暮れゆく海と

二　俳句に詠まれた海女

（二）「海女」を季語とすることに努力した人

伝統的な俳句では、季語は必須のものであるが、それでは「海女」が「春」の季語として定着するのはいつごろからか。俳句歳時記に登場するのは、戦後のことと推量する。

三重県俳句協会の役員として活躍した村田治男さんの著書『三重県戦後物故俳人録』※1の中に、「廣田青陽」一項があり、そこで、「戦後、伊勢志摩の海女を季語とすることに努力した。」と書かれている。

ありし日の廣田青陽

廣田青陽は本名正容、一八九〇（明治二三）年に三重県宇治山田町に生まれた。現在の伊勢市である。三重県師範学校を卒業して教師となり、県下各地の小学校で子弟を教えた。俳句は長谷川素逝を師とした。素逝は、一九三九年八月二六日、鈴鹿野風呂とともに、青陽の学校教員としての最後の赴任地であった度会郡宿田曾小学校を訪ねている。青陽は同校校長として四二（昭和一七）年三月まで勤め、続いて三重県社会教育課へ転じた。素逝のほか、皆吉爽雨、橋本鶏二の指導を受け、「ホトトギス」に拠って高浜虚子の選を仰いだ。

青陽に一女があり、田中氏へ嫁した。その人田中千鶴子さんも俳句を詠む。一九九四（平成六）年一二月一五日に、中日新聞に掲載された「海女千句」と題したエッセイの中で、次のように父青陽のことを書く。

伊勢志摩に生まれ、伊勢志摩の風土を詠《うた》うことを喜びとしていた父の俳歴は昭和六年に始まる。何がきっかけで俳句を始めたのか聞くことはなかったが、この年の三月、私が生まれていることを思い合わせると興味深い。——中略——

海鼠《なまこ》桶いただきつれて志摩女　青陽

海女千句を目ざした父は、沖海女の船に同乗し、また海女の棲家《すみか》に泊り焚火《たきび》を囲んで海丹《うに》や鮑《あわび》を焼きながら、土地の風習や伝説を聞いたという。後にその悲願は達成されている。——以下略——

ここにいう「いただきつれて」とは、海女が磯桶を頭に載せることである。「海女」を俳句の

※1　村田治男『三重県戦後物故俳人録』わらび野俳句会刊　一九九六・一一・一

季語とするのに力を尽くした人として廣田青陽を特記したい。
著名な俳人の、海女を題材とした俳句に、どんな作があるか探してみる。
高浜虚子に、

海女沈む海に遊覧船浮む
海女とても陸《くが》こそよけれ桃の花

の二句がある。一九四八（昭和二三）年四月七日、八日に詠まれた。四月一一日に全国俳句大会が宇治山田市（現在伊勢市）で催されるに際して、二見浦で詠んだ。同行した青陽は、

磯あけや海女のいとなみ絵のごとく

と作る。虚子では、翌四九年四月二八日に能登輪島で詠んだ一句がすばらしい。海女の肢体もその暮らしの匂いも伝わってくる。すなわち、

潮じみて重ね著《ぎ》したり海女衣

である。

他の俳人何人かの作を順不同で拾う。

縋るもの倚るものなくて海女泳ぐ　山口誓子
よく似たる二人の若き海女をりぬ　高野素十
蜑が家の冬灯軒漏り屋根漏りて　中村草田男
安房の海や海女の胸うつ葛嵐　石田波郷
沖白波にさそはれて海女単衣着る　大野林火
流木を火となし母の海女を待つ　西東三鬼
石をもて囲ひし家に縫へる海女　橋本鶏二
陸ながくあゆみ来りて海女潜る　山口波津女
南風吹けば海壊れると海女歎く　橋本多佳子
海女と海女海底で遇ひよそよそし　津田清子
春さむく海女にもの問う渚かな　加藤楸邨
かがやける臀をぬぐへり海女の夏　阿波野青畝
大岩のひびの深さへ海女の笛　鍵和田秞子

では、廣田青陽の作にはどんな句があるか、句集『簀戸』の中から拾う。

大王の涛音とゐる焚火海女
磯あけやわけても和具は海女どころ
鮑桶おみよと書いて新しく
鮑とり潜りて桶のゆれのこり
夕虹や子にとりまかれ戻り海女
ほそぼそと海女のたつきの若布干す
あがり来る海女に子の焚く磯竈
浮び出る海女に夏潮もり上り
逆立ちし蹠そろへて海女潜る
梳る海女たしなみの膝そろへ

多くの中から、一〇句を選んだ。

このように読んでくると、「海女」自体を季語として一句詠むほかに、海女の仕事、すがたかたち、それは肢体も含めてであるが、海女のまわりの暮しの様子など、さまざまな素材が俳句となっているのがわかる。このときは、別の語彙《ごい》を季語として、一句できているのである。ここでは、「磯

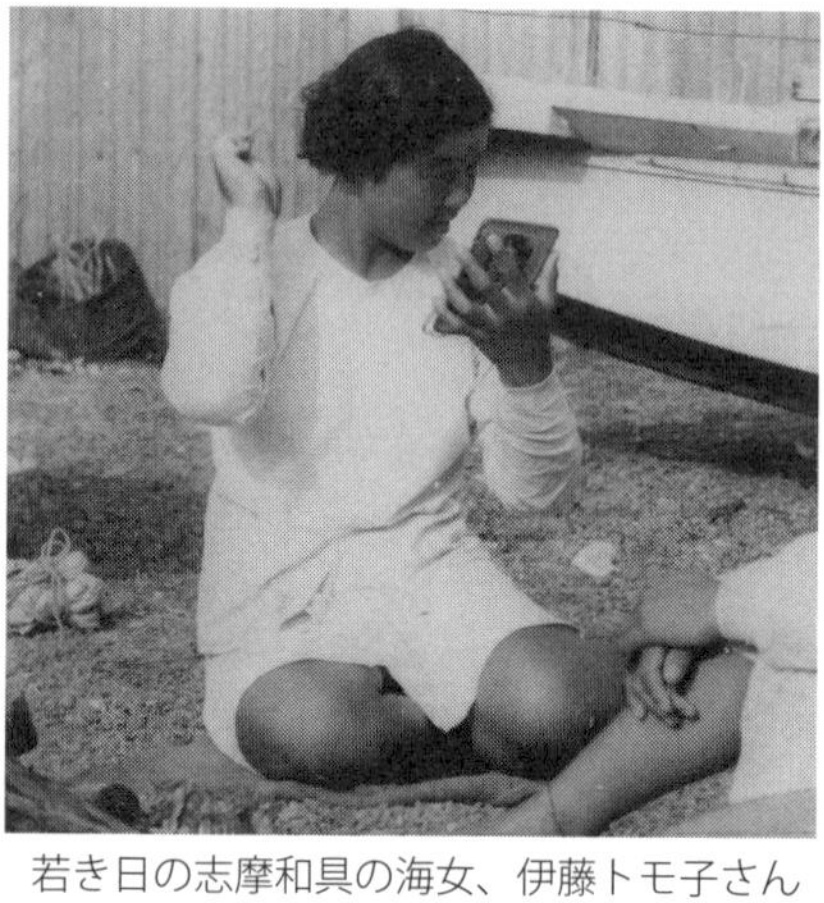

若き日の志摩和具の海女、伊藤トモ子さん
ー伊藤芳正さん提供

あけ」がそうであり、「若布干す」「磯竈」「夏潮」などが季語である。まさに、海女百態といえよう。

作家高橋治著『女ひと四季』※2の中の、「海女」の箇所に、次のような説明があった。

海女、海士、海人みんなアマである。女、男、漁師を含めた総称と使い分けるが、もともとは、わが身ひとつ母なる海に抱かれて生きる人々を意味する。だが命の源泉である海は、陸に上ってしまった人間には常に危険と背中合わせの場所になった。そこに女ならではの働き場がある理由は、ひとえに皮下脂肪の問題である。―以下略―

次は、そこに揚げられている俳句である。

磯桶に幼な顔あげ海女うかぶ　　兼田英太
はや母の顔にもどりて陸の海女　　青柳照葉

※2　朝日文庫、二〇〇三・七・三〇刊　朝日新聞社

（二）海女を詠む俳人ふたり

敬愛する俳句の友、中條かつみさんの最近の一句を俳誌で見つけた。一二年芭蕉祭の特選句だ。

稽古海女白粉花を小屋に差す

この人は志摩市和具の女性。三五年の句作歴を持つ人で、母親は潜きの上手な海女で天寿を全うした。中條さんは「海女」の俳句の詠み手として、自他共に許す人である。

老海女の磯鎌研ぎて春を待つ
化粧《けはい》せぬ海女の一生星流る
海女の盆唄浜風に乗りて来し
海が好きこの浜が好き春の海女

黒田杏子選の四句、これらは日本経済新聞に載った。中條さんは句集『潮祭』一冊を持つが、横書きで英訳が添えられ、われわれが頭にうかべる常識的な句集ではない。斬新そのものである。

磯桶に注連《しめ》を飾りて稽古海女
飛沫あげ藍の底より舟人海女
若布抱く海女潮水をしたたらせ
波面のはじけて海女の息の笛

『潮祭』の中からとった四句である。
この人、二〇〇七年度のＮＨＫ全国俳句大会に、海女が潜く熊野灘を詠んだ次の句が秀作として選ばれた。

熊野灘菩薩のような月上がる

さらにもう一人が井上海風さんである。人の面倒見がすこぶるよく、志摩市浜島町を中心とした俳句会「ありそ句会」を統率している。次は句集『海の風』の中から探し出した一〇句である。人柄の出た、ほのぼのとした滋味があふれている。

海女の児は夏の怒涛の中に寝る

磯桶のごとくに海女が麦運ぶ
夜なべする海女に波音ひびく壁
冬構へ海女敷地まで船を曳く
戸閉りしままの海女小屋日脚伸ぶ
元日も手拭ひ被る海女の癖
母となる海女の装ひ子供の日
春潮や訛りの多き海女言葉
初詣で「ツオィ」と云ふは海女の声
土工夫に海女もまじりて菊日和

この人も二〇一三年春、ＮＨＫ全国俳句大会では、次の句で大賞を射止めた。

真新《まっさら》の魔除けの布や海女を継ぐ

「海女」の俳句を詠んでは、この人の右に出る人はいない。
今、海女漁業が持続可能な漁業の一つとして見直され、再評価されている。伝統的な漁撈文化として貴重だ。海女に材をとった俳句もまた、今後ますます詠まれるだろう。

第二章　海女を訪ねて、

にしひがし

綱一本に命を託して－志摩の海で潜く海女

一　久慈、小袖再訪—ワカメ漂う岸辺

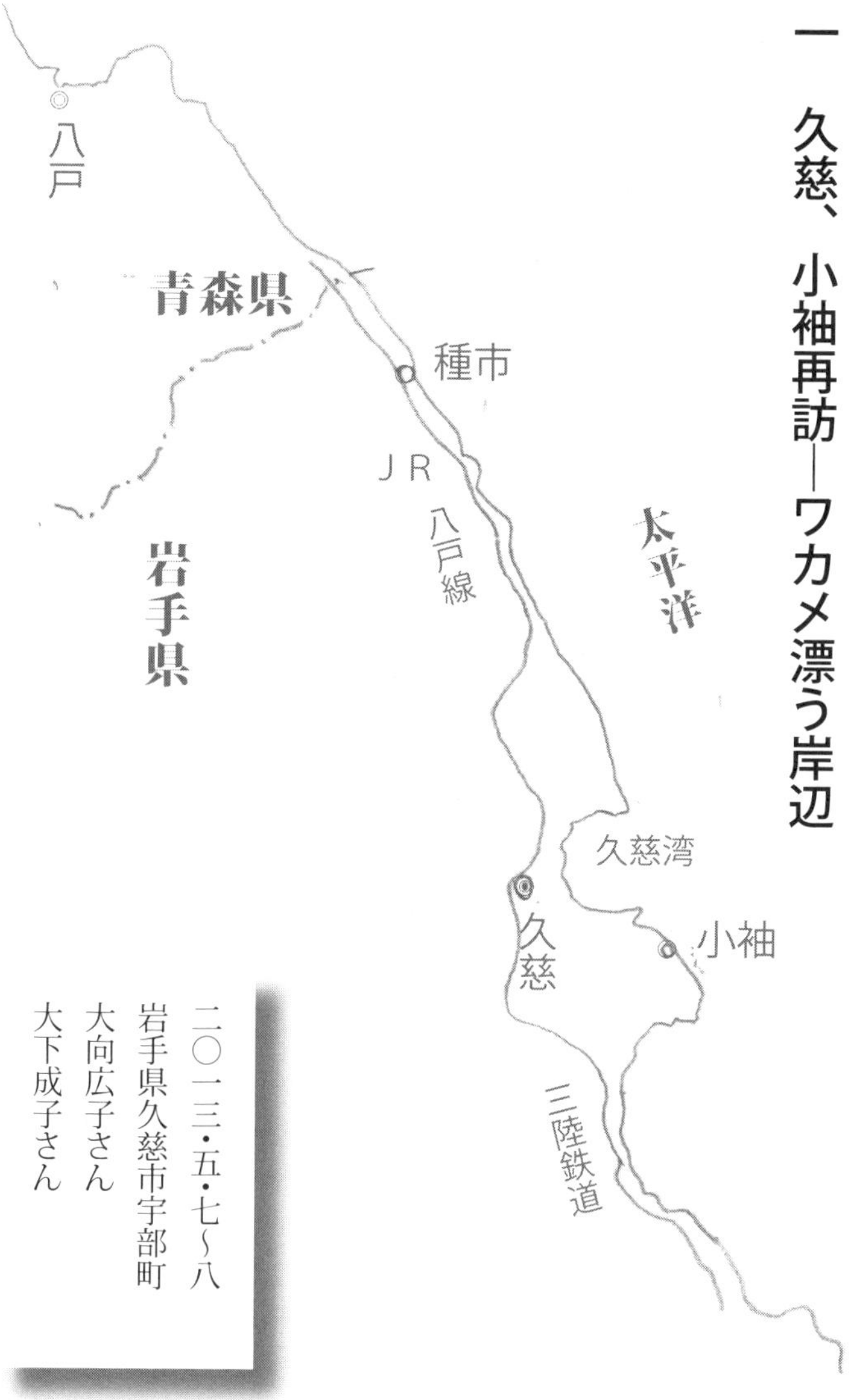

二〇一三・五・七〜八
岩手県久慈市宇部町
大向広子さん
大下成子さん

（一）小袖再訪ーワカメ漂う岸辺

二戸《にのへ》駅前は時ならぬ冷い雨に濡れていた。久慈行きのバスは一六時〇四分発である。新幹線の列車を降りた客を拾って、定刻に発車した。バスは山の中を東へと走った。途中、サクラが今を盛りと咲いて山を飾っていた。雪が降ったのだろうか、山肌は白い斑模様である。サクラと雪が旅する者の眼を楽しませた。バスは定刻に着いた。二〇一三年五月七日の夕方の久慈の街は、寒い冬であった。

私は久慈の海女さんに会うためにやって来ている。八日、朝九時の約束である。目的地へのバスは昼過ぎまでない。タクシーを頼む。晴天であるが、風が冷い。小袖の集落までと行き先を告げた。

途中、東日本大震災の津波で被害を受けた海岸を走る。舟渡《ふなど》という所で運転手が車を止めた。道路の脇に、三月一一日の大津波で被害を受けたレストラン風の建物が、大波をかぶったあとのままで、無惨な姿をさらしていた。

今から一六年前の一九九七年早々に、私は小袖を訪ねている。今回が再訪である。ＮＨＫ朝のテレビ小説「あまちゃん」が四月から始まり、その反響もあってか、この辺ぴな場所が大変な賑わいときいた。そのためか、土、日、祝日は自家用車の運行が規制されて、舟渡から先へは公共の乗物でしか行けない、と運転手が説明する。そのことを知らせる大きな立看板が、至る所に立っていた。

「つりがね洞はどうでした」

私の質問に、

「大きな岩ですからね、大丈夫でしたよ。でも道路はずたずたにやられました。ガードレールが新しく付け変わっているのがわかるでしょう」

運転手がこのように言う。

道の下の狭い砂浜で流れ寄るコンブを拾う村の人がいる。一人で腰をかがめていた。

「拾いコンブですよ」

小袖の港は一六年前よりはぐんと整備され、集落全体がひとまわり大きくなったと思われた。小袖の集落は、海岸のひとかたまりと、そこからずっと上の海の見える場所と、二つに分かれている。最初のときは、乗ったバスが、どんどん山の上へあがって行くので、小袖はまだか、とバスの運転手に訊いたところ、この先、もうすぐだ、と言われ、山の上のバス停留所で降りたことが思い出された。

小袖のシンボル－つりがね洞

「北限の海女」という見出しのパンフレットが、久慈市の商工観光課から発行されている。「北限の海女」の横には、小さな活字で次のような一文を読むことができる。

昔からの教えを守り三陸の海の幸を自らの手で獲る女性達がいました。

小袖の海女の出現は明治初頭といわれている。男たちは遠洋漁業に出、その留守の中で畑仕事をして女たちは家を守った。畑仕事の合間に磯に出てワカメやコンブを採り、自然と潜水の技術を身につけるようになった。これが、「かつぎ」と呼ばれる漁業をする女性であり、のち、海女と呼ばれるようになる。

海女は素潜《すもぐ》りといって、のみ一本を持って海底近くまで潜り、獲物を探し、捕獲する。上手な海女はひとかきで二メートルも潜り、獲物の多い一〇メートル以上の漁場まで潜水する。ひと息で一〇個ほどのウニをとる。とったものは網袋であるヤツカリという道具に入れる。ヤツカリは腰に着けている。海藻がからみついたり、ヤツカリが岩場に引っかかったりするなど、海女たちの仕事は、危険と背中合わせである。

このようなことが、美しいパンフレットに印刷されている。

「北限」という言葉からいえば、それは、北海道の松前である。北海道の日本海側、南の町松前に海女がいる。たったひとりで北海道の海女漁を守っている。松前町の海女は、沖の松前小島の磯で、ホソメコンブを刈る。松前では海女は一代、娘や嫁には海女漁を認めない、という漁協の取り決めがある。だから、今の海女が漁を止めたとき、久慈小袖の海女たちが、正真正銘の「北限の海女」となる。

小袖の海女漁業は、観光海女といわれる、観光客に自分たちの潜《かず》く様子を見せる分野がある。潜ってムラサキウニをとるところを、船の上から見せる仕事である。そのほかに、純粋に海女漁をする期間もある。それは期間が短い。

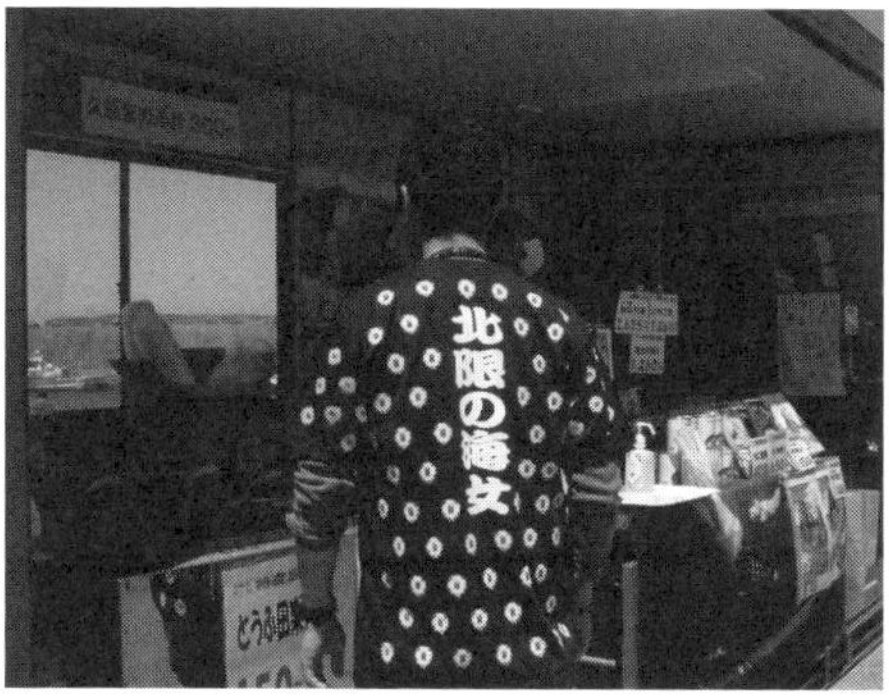

観光客で賑わう小袖の港で働く青年

小袖を訪ねた日、海女のリーダーである大向広子《おおむかいひろこ》さんから、話を聴くことができた。

「昭和三三年生まれ、五四歳です。私、これからは歳数えるのを忘れようかと思うんですけどね」

このように言って笑う広子さんは、何と若々しいことか。すでに孫があると、同僚の海女さんが告げた。

「今年は海女は一八人ですね。二〇歳代が一人、四〇代なし、五〇代が八人、六〇代が七人、七〇代が二人といった年齢分布です。八〇歳以上の海女は小袖ではいません。二〇《はたち》代の人は二二歳ぐらいかな。未婚でぴちぴちですよ」

話を聴いた場所は、海岸に仮設された、小袖海女センターという建物である。テレビ放送のおかげというべきか、ゴールデンウィーク明けの平日でも、大勢の観光客がゆききする。海女センターは観光客への案内所でもあり、ワカメなど地元の産物の販売所でもあるので、客が出たり入ったりして落ちつかない。時を措かず電話のベルが鳴る。そんな合間を盗むようにして、広子さんは話を続けた。

「小さいときから潜っていましてね。小袖で生まれた子どもなら誰でもですよ。夏休みになると泳げても泳げなくてもね、浜に行って遊びました。今は港が整備されたから、砂浜もなくなりましたけどね。太いキュウリの皮をむいて、それを縦半分に切って、味噌をつけてね。白いご飯といっしょに食べました。キミをおやつに持って浜に行ったですよ。キミというのはトウモロコシのことですね。ここではイモを齧るというのは、ジャガイモを齧ることですよ。

私は海女の経験はそれほど長い方ではないんです。二〇代後半は子育てで何もできなかったですからね。小袖の海女も、他の仕事をする人が増えてきて、海女がだんだん減っていった一時期がありました。そんなとき、ちょうど手伝わないか、と声がかかりましてね。子どもも手が離れてきたから、やろうかな、と思うようになって、やり始めたんですよ。そうしたら、こんどは母親が、姑じゃなくて実の母親が寝たきりになってね。二〇年近い年月寝たきりでした。前半の一〇年は父親が主として世話したのですが、父が亡くなりましたのでね。こんどは私が後半の約九年半ぐらいを世話して看取ったんです。ですから、本格的に海女をやるようになったのは、四二、三歳からでしょうか。

ここは他所《よそ》と違って、観光海女が主体ですね。観光海女として潜るのは、七月から九月末までの三カ月なんです。一八人の海女、これを入漁者といっていますが、一八人が会員となって、クラブを組織して、観光海女をします。

この前の磯で潜ります。潜ってウニをとるところを、観光客に見せるんですね。ウニはムラサキウニです。黒っぽい、つやのある針の長いウニですね。今までは、とったウニをお客さんに試食をして貰っていたんですけど、今年は、連続テレビドラマ（「あまちゃん」）の関係で、観光客が大勢訪れると予想されますので、そんな心配もあって、試食は止めようと決めています。潜ってウニをとるのを見せるだけになりました。見学料は五〇〇円です。

海女はウニとりが専門、アワビはとりません。海藻もとらないですね。コンブを拾うだけです。拾いコンブと言っています。コンブも天然のものはほとんどないですよ。二〇年ぐらい前まではとれたんですけどね。今は生えてるのは全く見かけません」

こんな話の中で、海女センター入口の戸が開いた。見覚えのある人が入って来た。大下成子《なりこ》さんであった。

岩手県小袖の海女ふたり

雪の道を登っていって訪ねた大下成子さんは、初対面でもどこか懐しさを覚える顔と声の女性で、この人が海女かと疑うほどの色白である。昭和二二（一九四七）年生まれの戦後派、久慈市小袖では若手の海女さんである。二〇人いる海女の代表者だ。

この小文は、拙著『潮風の道―海の村の人びとの暮らし』（ドメス出版一九九七・七刊）の中にある。あれから一六年以上たったが、少しも変わらない。ただ膝が悪くて、と椅子を探した。しばらくでございました、と挨拶したら、成子さんは元気な口調で話す。

「きょうお会いできると思って楽しみにしていたんです。遠い所をね。この前会った大向サタさんと大久保エキさんはもう亡くなられてね。

海女の仕事のないときは、定置網の賄をやっていました。だけど、今年は休みました。以前建っていた海女小屋は、こんどの大震災ですっかり流されましてね。そのあとはまだ建っていないです。港近くのこのあたりは、みんな流れましたね」

大向広子さんは、自分の家のことなどを、次のように話した。

「二二歳のとき結婚しました。家は巻き網をやっています。二カ統※2やっています。八〇人ぐらいの乗組員がいますね。とった魚は冷凍します」

「私らがやったときは、満船になったら港に入って水揚げする、という方法だったけど、今は船の設備がよくなったからね。その代わり船造るのに金がかかる」

大下成子さんのこの言葉に、

「億単位ですよ」

と、広子さんは答えた。そして話は続く。

「海女クラブという組織がありましてね。海女一八人がクラブ員です。一応、私が会長にさせられています。お客さんから戴いた見学料金の中から、一定の料金をクラブの会計に入れる仕組みが続いてきました」

「私が会長のときに、観光海女の宣伝活動をしましてね。東京へも行きましたよ。地下鉄に乗ってね。木綿がすりの磯着で、一つ眼鏡を頭につけてね。恥ずかしかったですよ。平成二〇年（二〇〇八）ごろ、埼玉県熊谷市のデパート、やぎはし（八木橋）とか言いましたかね、そこへ行っても観光宣伝しましたね。都内の豊島園へも行った。新幹線の駅にも立ったですよ」

これは成子さんの思い出だ。

「観光海女のときは、絣の磯着ですよ。腰から下は、短いパンツをはきましてね。赤いたすきを腰に巻きます。「いわて北三陸」というパンフレットのモデルになりました。とったウニを入れる網袋、ヤツカリといいますが、それを腰に垂らしてね」

※2　統とは、巻き網や建網を数える単位。

広子さんは、そのパンフレットをこれですと言いながら手渡してくれた。

「三月は養殖ワカメ、四月はコナゴとり、コウナゴのことを、ここではコナゴと言います。網でとりますね。五月から六月にかけては、天然のワカメとり、今、磯に長く伸びています。もうすぐ解禁です。今（五月）、コンブが流れつきますから、それを拾います。拾いコンブと言っていますね。七月になると、男のウニとりが始まります。男がとってからでないと海女はとれないことになっています。海女は七月末から八月のお盆の前までです。だから二週間だけ、短いですよ。九月はサケの定置網があって、そのあと一一月、一二月には、男がアワビをとります。海女はアワビはとらないですね。大体これが一年の小袖の漁撈カレンダーです」

小袖漁港ーここにも津波は押し寄せた

これも広子さんの説明である。

大下成子さんの自動車で崖の上の集落のある所まで走って貰った。ここから下へ降りる十二曲りの道がある。近くに監視所がある。崖の上から、密漁や遭難事故を見張っている小さな建物である。真四角の部屋にこたつが置かれていた。以前はここから急なごつごつとした道が、下の磯まで続いていた。今は、通行止めになっている。下へ降りる

写真中央の崖が津波で崩れた跡

ためには、十二曲りのつづら折りの道を行くことになる。

臨視所の近くで、私は一六年前を思い出していた。大下さんがいっしょに来てくれて、二年前の三月一一日の大津波の様子を話した。

「私、ここで見ていたんですよ。地震があったからね、津波が来るかも知れないと、ここでじっとしていたんです。この下の所に私が生まれた家があるの。もうこれは流されると、泣きそうになりました。大波が押し寄せて来ましてね。ずっと向こうの崖へ、その大波が一気に突き当たりました。崖の二カ所、高いコンクリートの壁になっていますね。あれは、大波で崩れたんです。その下の道を軽トラックが二台走っていました。津波にさらわれて、一人は亡くなりましたね。地区の人でした。

波の大きいのを目の前で見た瞬間、もう駄目だ、と大声で叫びました。涙声で叫んだんです。それが、幸いにも津波の進路から、ちょっとそれていてね。助かりました。この前、来られた時、港の近くに建っていた海女小屋を案内しましたけど、あれは、跡かたもなく波にさらわれましてね。そこからちょっと行った、漁協支所あたりは、海岸のそばでも無傷なんですよ。あそこにある水門をいち早く閉め切りましたので、波が入って来なかった。港の近くの家屋などは、すっかり無くなってしまってね」

　立ち話をするそばに黒い石の墓石が二基あった。真新しいものである。成子さんはこれは供養塔だと言った。イカ釣船が遭難して、小袖地区の漁師が海で死んだ。一〇人以上の犠牲者であった、と語る。昌徳丸という船名が彫られている。その人たちを供養する石碑であった。二人は手を合わせた。そして別れた。私は十二曲りの幾重にも曲がりくねった坂道を歩いた。潮風が吹きあがって体を冷やした。

(二)帰りの車で聴いた話

　帰りは、久慈の街に所用があるという大向広子さんの自動車に乗せて貰う。二〇分ぐらいで駅につくから、一二時三六分発の田野畑ゆきの三陸鉄道の電車には十分間に合う、と言う。私は、その日、五月八日、宮古をめざしていた。広子さんが問わず語りに言う身内の話に驚いた。

「母も若いときは潜っていたと思うんですけど、私は母の海女の姿を見たことがないんです。私が小学校三年のとき（昭和四三年）でした。兄が漁で亡くなりました。母はそのとき温泉に行っていましてね。ショックで体をこわしてしまってね。それから全く海へ入らなくなりました。

　イカ釣り船がね、八戸港に入る直前に遭難して沈没しました。兄が乗っていました。一六歳でした。いちばん若かったんです。昌徳丸、八戸の船でした。船頭も三十何歳という若い人でした。兄は私の家では長男だったから、一家の期待も大きかったんです。高校へ進みたかったらしいんですけど、家を助けるということで、船に乗ったんですよ。若い漁師が大勢亡くなりました。小袖出身の者だけで一一人ぐらい。三人助かった中で、小袖の人が二人いました。

潮風丸というタンカーに救助して貰いました。まだ息のある人から助けたんですね。兄も息していたらしいんだけど、揚げて貰ったら、すぐ意識が無くなってね。九月六日でした。だからまだ海の水はぬるい（あたたかい）ですよ。

学校で朝礼をやっているときでした。連絡の入ったのはね。村中大騒動だったですよ。親戚同士が乗っていましたからね。明日は誰の葬式、次の日は誰のといった日が続きました。遭難で大勢の男たちが死に、次に火事がありました。久慈の大火というのもありましたね。そしてこんどの大津波でしょう。

でもね、浜というのは、活気が無いといけませんからね。元気あってこその漁村なんですよ。何とかして活気を取り戻したいと思っているんです。私たちはウェットスーツさえあれば仕事ができますよね。男の漁師は、船を流されてしまっていますしね。網もさらわれて無いでしょう。何もかも無かったんですよ、その点、私たち海女はすぐ活動ができるわけなんですよ。早くやらないといけない、と気が急《せ》きますしね。

やる気持ちにさせてくれたのは、久慈の高校の女生徒だったんです。夏になったらアルバイトに行きますよ、と声を掛けてくれました。それが復活のきったけでした。この大津波では失ったものは山ほどありました。でも得たものもたくさんありましたね」

広子さんはどこまでも快活であった。

小袖海岸にやませが吹いた。波頭が白く立つ。行きと同じように、岸辺でコンブを拾う人を見た。

二　東京娘が海女になった話

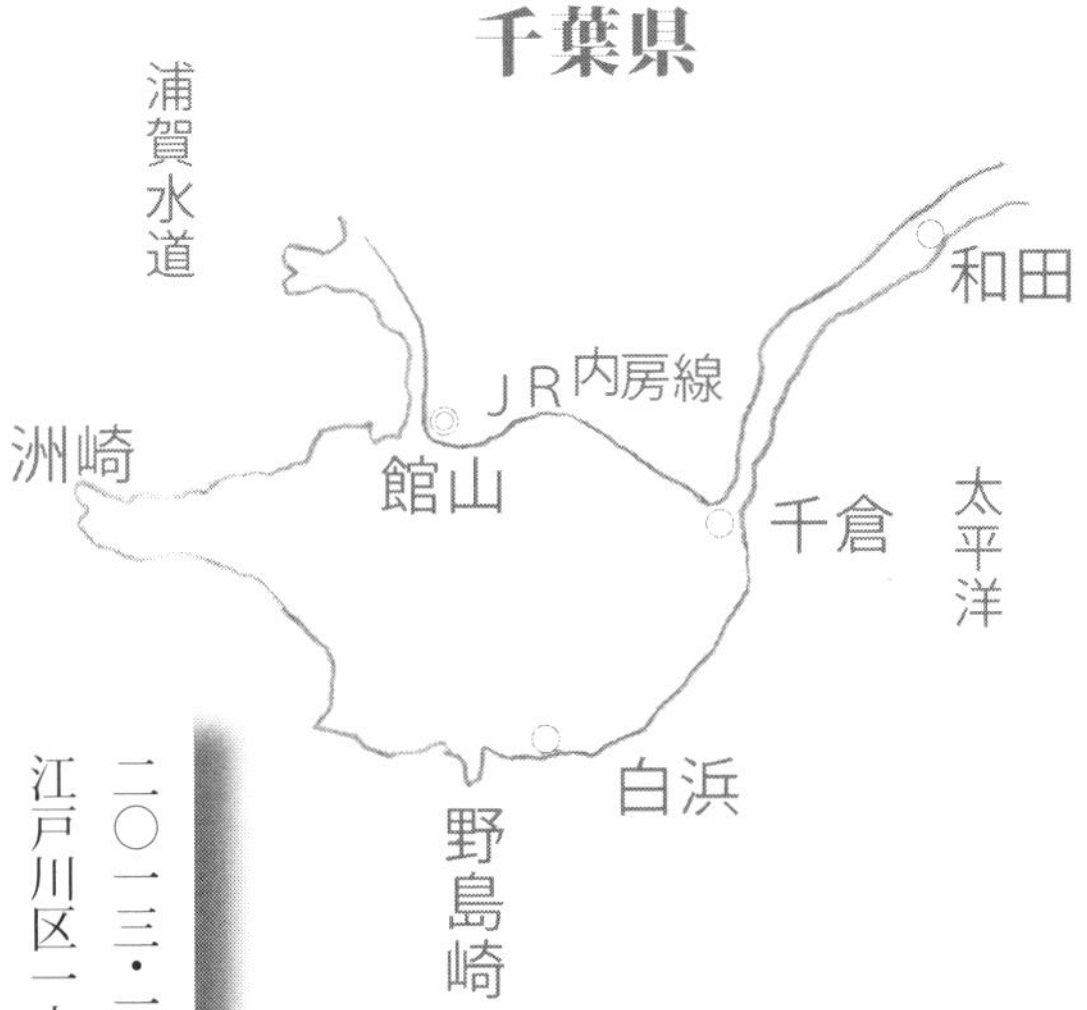

二〇一三・一・二二
江戸川区一之江（千葉県南房総市白浜町）
鈴木直美さん

（一）私は海女になりたい

秋葉原駅で総武線に乗り換えて、新小岩駅で降りた。南口にロータリーがあった。鈴木直美さんが待ってくれていた。商業デザインなどを手がける新進のキャリアウーマンから、海女に転身した女性である。そこで愛用の自動車に乗せて貰った。一之江の自宅よりも近くのファミリーレストランがよいだろうと、街の通りを抜けた。広い喫茶店の隅のテーブルに腰掛けた。

鈴木さんとは初めてではない。二〇一〇年九月二五日、三重県志摩市で開催された全国海女大会のとき、立ち話をしたことがあった。房総へお訪ねしますよ、とそのまま別れたのだった。冬は東京にいるから、と聞いていた。海女になってからも、商業デザインの仕事をすべて止めてしまったわけではないからである。

昼下がりのレストランは大勢の客で賑わっていた。客の声の聞こえる中で話を聴いた。東京の江戸川育ちの鈴木さんの声は明るかった。

「東京生まれです。昭和四二年ですね。両親は北海道出身だから、千葉とは何一つつながりはなかったですよ。住所は南房総市白浜町の原という地区です。磯の上といっていい所に家が建っていましてね。

そもそものきっかけというか、縁というか、それはイルカですよ。長い間、サーフィンをやっていました。大会へ出たりして、生活の一部としてそれをやっていたんですよ。そんなことでずっと海へ行っていますから、体中真っ黒なんです。色黒くても海の仕事ならいいだろうと思っていました。いつだったか、海へ行けば海女さんはいるよね、と母が呟くように言うの。そうか、海女という仕事もあるか、と何気なく思いました。そのときはそれまでだったんです。

半年ほどかけてパソコンの操作を独学で身につけました。イルカと泳げる、という記事を見つけたんですよ。それ読んですぐ御蔵島《みくらじま》へ行きました。水面を泳ぐことは十分できたんだけど、潜ることは全然駄目だったんです。イルカと泳いでいますとね、イルカが次から次へと挨拶するかのように集まって来ましてね。イルカが水中へ潜って行きますよね。その時、私も潜りたいと思ったんですよ。でもそれができなくてね。

潜ることを習う所を探しました。サーフィンの雑誌だった。練習できる場所が掲載されていました。水泳の国際大会もやる江東区の辰巳国際水泳場、そこのダイビングルームで練習できるのがわかってね。深さ五メートル、長さ二五メートルあるプールで練習しました。何のことはない、三回目で五メートルの底にいるのがわかったの。潜れるんだと認識しました。水の中で圧迫感とか、耳が痛くなるということがなかったので、耳栓はかえって悪いと考えて、今も使っていません。地元の海女さんたちは、みんな耳栓をしているようですけどね。

水の中の浮遊力というか、無重力の感触というのが、とても気持ちよくてね。そこで千葉には海女がいることを思い出したんですよ。水の中でできる仕事がないか、と思っていましたからね。

すぐ実行に移したんだけど、そう簡単には行かなかった。

(二) 千葉白浜の海女となる

漁業行使権取得という大きな壁がありました。まず、住所がないといけないということ。白浜で仕事したいならば、まず白浜の住民になる。千倉ならば、千倉に住所を持つということなんですよ。漁業行使権というのは、法律に基づいて、決められた海域で特定の魚介藻類を採捕することを営業としてできる権利といいましょうか。とにかく難しい仕組みになっていますよね。たとえ、そこの住民になっても館山なんかでは、新規参入は認めないということでした。受入れてくれた白浜の漁協は異例ですよ。他県でもほとんど不可能なことらしいです。

手っ取り早く漁業行使権を取るにはどうすればよいか、と聞いてまわりました。漁師の家の嫁になるしかないな、どこでも同じことを言われたんですよ。ここでくじけたら駄目と思って、夢中で家探しです。幸い見つかりました。住む家が白浜で見つかったということが、不可能なようなことを可能にしたんですね。原造船所があって、その隣りにふれあい市場というのがあって、そのすぐ近くで家が見つかったんですよ。磯が目の前です。海女小屋も近くにあります。これは、海女になりたいという私のために、神様がお取り置きしてくれてあったのか、と思うほどの物との出会いだったんですよ。インターネットで見つけたんですけどね。即決断しちゃったです。だけど大きな買い物ですから、一応母に見て貰いました。かえって母親の方が気に入ってしまってね。いいじゃないの、といった感じでしたね。自分の全財産はたいて大きな買い物しました。

両親は家を買う前なんかは、そんなこと出来ることないだろう、と言ってたんです。だけど、水の中で仕事をする暮らしをしたい、これが私の願望でしたからね。若い海女が全国的に少ないといわれていますよね。それなら、私ひとりでもその世界に参加すれば、と思いました。私なんか海の中でアワビがどんなにしているのか、見たこともない人間だったんですよ。どういう状態でアワビが岩にくっついているかも知らない人間だったんですよ。

白浜の漁協が理解を示して下さったんです。組合員になるためには、出資金を三〇万出すということでした。早い話、それが漁業行使権の入手ということでしょうかね。だけど、それですぐ潜って貝をとるということはできないんですよ。果たして、鈴木直美という人間が白浜の海で海女としてふさわしいか、やる気があるか、他の人たちと協調していけるか、さまざまなテストがあるんですね。私は、観光客が浜に捨てていくごみを毎日拾いましたよ。地元への無償の勤労奉仕が実績として評価されるんですね。二〇〇七年九月に平家建ての一軒家を購入して、〇九年三月に漁協の組合員資格を承認してくれたんです。この時、晴れて千葉白浜の海女、鈴木直美が誕生したわけです。最初に海女になろうと決意してから、約五年目で実現しました。

五月が初漁でした。海水温が十六度ぐらいだったと思います。冷たかったですよ。初めて潜った日にタコをつかまえました。つかんで揚がって来たら、ほかの海女さんたちが、私に蛸姫という屋号をつけてくれたんですよ。だから私も、磯桶の底に大きな字で蛸姫と書きました。

　白浜では陸上の施設でアワビの稚貝を育て、それを毎年磯へ放流します。とり過ぎないよう、ウエットスーツは着用禁止です。日本でもここと九州の壱岐だけときいていますよ。ウェットスーツは海水温が低くても長く潜れるから、体にはやさしいけど、とり過ぎにつながりますからね。初めの頃は、海の中が冷たくて耐えられない、と思いましたけど、今は、それを着ないで、メリヤスで潜ることが誇りに思えて来ました。

　三月の中ごろになるとヒジキ刈りがありますから、その時には白浜へ行きます。二、三日の漁ですけど、うまくいけば一日で一万五、〇〇〇円のヒジキを刈りますからね。宝さがしのような楽しい仕事になりました。それだけ自然を大事にしないといけないと思います。だから私はもっぱら東京ではエコ生活、エアコンは一切使わない。暑い時は濡れタオルを首に巻いたりしていますよ。白浜の自宅にもエアコンはありません。暑い時は服を脱げばいいんです。去年、リサイクルショップで火鉢を買って、炭で火を楽しんでいます。

　環境問題に関心を持つことは、磯への恩返しだ、と考えているんです。東京から僅か一〇〇キロ南に行くだけで、すばらしい野生の動物が人間のそばに来てくれて、きれいな水の中で泳げる場所があるということがわかりますとね。やっぱり自然環境を守っていかなければ、と思うようになりました。

　こんなすばらしい仕事はない。死ぬまでやりたいですよ。ギネスブックに載れる記録をつくりたい。夢は大きく持ちます」

客の出入りの多い店の中で、私は鈴木直美さんの話に聴き入っていた。白浜の海で宝探しをしている所を訪ねますよ、と冷めかけたコーヒーを口に含んだあと、再会を約束した。

三　下田で聴いた海女漁の話

二〇一三・一・一九〜二〇
静岡県下田市田牛
渡辺シゲ子さん
渡辺和重さん
大久保かよ子さん
横山元子さん
寺本伊之助さん

(一) 一八歳で出稼ぎに、そして田牛へ

伊豆の下田に志摩から嫁いで行った海女がいる、と聞いた。その人に会いたいと急《せ》かれる思いで、熱海から伊豆急行の電車に乗った。冬真っ盛りの晴れの日であった。昼過ぎ、下田駅へ着いた。駅前は賑わっていた。食堂があった。店先に出ている、キンメダイの煮つけというメニューにひかれ、重い戸を開けて、昼の客となった。大きな横長の皿に盛りつけられた魚は、三日も前から煮て鍋に入っていたようなキンメダイであった。

しばらくして迎えの人が来た。田牛《とうじ》の大久保保行さんである。今夜、ここで海女さんの話を聴くことになっている。民宿のおかみは現役の海女である。ご主人の厚意に甘えた。自動車のハンドル捌きがうまい。田牛に入ってすぐの所で、車を止め、私に左側を見よ、と言う。岩山の切通しの向こうに砂の斜面があった。

「サンドスキー場ですよ。全国から人がやってきてね。風が小砂を吹きあげるらしい。珍しいでしょう」

大久保さんはそこから少し走って、また車を止めた。

「ここが二穴《ふたあな》といいましてね。降りて下まで行ってみましょう」

石段を降りて行った。歩きながら、

「この石段は人工のものであとから造ったらしいけど、大きな天井穴があって、正面には沖が見える穴がありますよ」

空に向ってあく大きな穴があった。そこは周囲約八〇〇メートル、海抜約三〇メートルの小さな崎のように突き出た山である。晴れた日には伊豆七島や石廊崎まで見渡される。中央に楕円形の穴がぽっかりとあいている。長径は約二五メートル、壁の高さは三〇メートルである。底は五分の一ぐらいが海であり、あとは大きなこぶし大の礫の砂浜である。幅約五メートル、高さが約七メートルほどの横穴があり、そこから外海に通じている。この横穴を通して、灯台など外の景色を見ることができる。縦と横に穴があるので、二つ穴といわれていたが、いつか二穴と呼ばれるようになった。昔は船でなければ出入りすることができなかったが、現在は道路から穴に通じるトンネルを掘り、陸より行けるようになったのである。空から、冬の午後の陽が差していた。もう一つの穴からは、太平洋の潮が押し寄せている。何人かの見物の人たちがいた。

一本の道が海岸を走る。渚にひとり、腰を折って海藻

伊豆下田田牛の海岸で、ハバノリを摘む人

を摘む女性を見た。

「何か摘んでいますね」

と尋ねた。

「はんばですよ。ハバノリを摘んでいるんです。今、旬ですからね。はんばも高くなってね。それでも今年は去年よりは安いらしいですがね。あれは、あめやのかよ子さんだ」

大久保さんの答えはひとりごとのようであった。

「奥さんが志摩の相差から来ているんですか」

「いやそうじゃなくてね。うちの家内も海女なんだけど、伊豆の人間ですよ。あなたがおっしゃる人は別の人で、きょう会えるかな、ちょっと体を悪くしたと言ってたけどね」

部屋に鞄を置いて一服した。相差から来た海女にぜひ会いたいと思った。案内を頼んだ。宿の近くであった。

「おばあちゃん、今、どこかへ出て行ったですよ。その辺、歩いてると思いますけどね」

若嫁さんの言葉を聞いて、道路へ出た。

「あそこを歩いて来るのがその人ですよ」

運良くすぐ会うことができた。私たちは車を降りて、老婆に話し掛けた。

「そうですか、三重からですか。どこのお生れです」

と、その人はたたみかけるように私に言う。

「志摩ではないんです。宿田曾という所です。記憶ありますか」

「宿田曾かね、浜島の近くでしょう。聞いたことありますよ。それはそれはお疲れでしたね。うちへ行きましょうか」

体が悪いという感じではない。小さい体に顔の白いマスクが大きく見えた。大久保さんは帰った。私は、渚でハバノリを摘む人が気になった。老婆にそのことを告げた。

「あめやのかよ子さんだね。私も初めの頃はあの人に教えて貰ったですよ。磯仕事では、田牛ではいちばんの人だね」

待って貰い、私は大きな石の浜を走るように近づいて行った。写真を撮りたかったからである。ざるに鮮やかな緑色のハバノリがある。今年は少ないね、と、私に言う。足元に冷い冬の波があった。

三重県国崎から働きに来て下田田牛に住む女性、かつては海女として伊豆の海で潜いた

「おじいさん（旦那）は渡辺和重といいます。主人は、昭和四年生まれですけど三月生まれだから、昭和三年生まれの人といっしょに学校へ行ってね。私はシゲ子です。昭和五年生まれ。三重県の相差《おうさつ》で生まれました。子どもの頃は、志

摩郡長岡村といったの。そのあと、市町村合併で鳥羽市相差町となったんですね」

シゲ子さんは元気な声の人である。体は痩せて小柄だ。私は七年生まれだから、学校は二年ずつ離れていますね、と言えば、横に座わる和重さんが、そうだね、と笑った。相差は今、ナマコとりですよ、と話を続けたら、シゲ子さんは次のように思い出を語った。

「私《わたし》、あちらにいたときも潜りましたよ。冬、寒いときにね。冬磯といってね。雪が降ってね。ウニもとりました。最近、相差では海女三代だといって話題になっている一家があるでしょう。あの家と私は親類ですよ。娘が海女になって三代だといって、ポスターにもなったんでしょう。

昭和二〇年八月一五日、あの日、私らは勤労奉仕で防空壕掘りに行っていました。兵隊さんがきょうはもうこれでいいから帰りなさい。天皇陛下の放送があるらしいから、家でそれを聴きなさい、と言いましたよ。帰ってみんな集まって聴いたけど、ガーガーと雑音ばっかりで何言ってるんだかわからなかった。学校へ行きたかった。でもあの時代は、簡単に上の学校へ行くことはできなかったでね。

家は海産物の商いをしていました。父親がね。私は学校卒業してすぐ海女になりました。戦争中は空襲だ、やれ勤労奉仕だといって、なんにも勉強らしいことしなくて卒業したんですよ。一八のとき、和歌山の古和という所へ行ったですよ。古和、古和といっていたですね。そこは海が深かったですよ」

「錦の手前だったかな」

主人の和重さんが、静かにこのように言う。私が話を継いだ。

「それは、三重県度会《わたらい》郡島津村の古和浦という所ですね。今は合併して南伊勢町古和浦です」

「何しろ海が深かったですよ。深いの深いの。上がって来ると、鼻血がぱっと吹き出すように流れてね。そんな深い海でテングサを採りました。底まで潜ってね。底へ着いたら、さっさと三つ四つほど、むしり採って上がって来るんですよ。船の底を足で叩いて、勢いつけて潜って行ってね。深い海でしたね。

私らはテングサ採り専門でした。古和の海は七尋、八尋ありましたでね。深かったから、上から見ても、白装束の海女が見えなかったですよ。湾が奥へぐっと切り込んでいて、山からの絶壁が続くんですよ。海が深いからマグサでしょう。柔かい海藻です。深い所は体も疲れるし大変だから、カテグサを採ろうといってね。これもテングサの一種だけど、アカクサともいって硬いんです。岩の上の方の潮が引くと、見え隠れするぐらいの所に生えているのがカテグサといってね。それを採ったですよ。石鏡《いじか》からも一人来ていましたですよ。すぎさんという海女でね、その人といっしょに採りました。

海の静かな日だった。二人で採りに行こうか、と相談して、カテグサ採りに行ったらね、沖からでっけい波が押し寄せてきてね。当時は、海女の仕事は桶を浮かべてやっていたからね。それを乗り越えるように、でっけえ波があっと言う間にやってきてね。桶の綱たぐってね。沖へ流されないように綱つかんでいました。船の上で、私ら海女を見ている船頭、とまいといいますけど、とまいさんがね、大丈夫か、大丈夫か、と船の上から大声出していたですよ」

「古和浦へは、何人かで行ったんですか。出稼ぎというのでしょう」

「出稼ぎですよ。西の方の磯へ行くのは、下磯《しもいそ》といっていましたね。七人ぐらいで行きました。同級生でした。とまいさんは親方が連れてきた人でした。昔のことで忘れていることが多いから、どこの人だったのか、多分、古和の人だったと思いますけどね。みんなは親方が借りた長屋で、共同生活でした。炊事は当番で順ぐりにやってね。当番は一人、早く起きます。ほかの者は疲れて寝込んでいるでしょう。そんなときにね、顔へ墨つけたりね。寝巻きの首の所を結んだりして、いたずらしたもんですよ。起きてくると、顔に墨ついてる。それが本人はわからない。他《ほか》の者がそれ見て笑うの。それでも腹立てずにね。みんなで笑ってね。同じように苦労して、毎日辛抱しているからね。

　毎日毎日海へ出るでしょう。疲れてくるんですよ。船の中で頭下げて蹲《うずくま》っているんです。体丸めてね。そうすると、とまいさんがね、われ入れ（お前飛び込め）、われ入れ、と言って急《せ》き立てるんですよ、疲れているから、誰も潜ろうとしないの。

　ここへ来てからだったけどね、船頭がね、友兄《ともにい》と言ってたけど、その人がね、飛び込め、飛び込めと言うんだね。だけと、疲れてかったるいもんだから（体がだるいもんだから）、船の上で寝ててね。われ飛び込め、われ飛び込めと言っても誰も入らないんですよ。そしたら、船頭が私に柄杓《ひしゃく》で潮をばさっと掛けてきたから、私もこの野郎と思って、潮を掛けてやった。船頭の体へざぶっと潮掛けてやって、そしてすぐ飛び込んだことがありました。海へ入ってしまったら、仕事はするんですけどね。

古和では、八時ころから出て、昼まで三時間ぐらい潜って、昼休みして、また二時間ぐらい潜りましたね。夏だから暑いでしょう。昼の弁当が腐るといかんから、影のある松の木の枝なんかに吊るしておくんですよ。そうするとね、昼、海から上がって来ると、山猿がそれを食べてしまって、弁当箱が空っぽのときがよくありましたね。お猿さんが人間より先へ戴いちゃって、私らが食べるときは、空っぽでした。

テングサを採ってても採んなくても、一定の固定給はあって、それに自分の採った分を加算される、という仕組みでした。食費はすべて親方持ちだったからね。風呂も付いていたですよ。銭湯へは行かなかった。

村の方へも遊びに出なかったですよ。若い男の人はたくさんいたけど、交際したような人もいなかったしね。私らの組に限っては、惚れた腫れたといった話はなかった。

そのあと九州の対馬へも行ったですよ。ここみたいな狭い小さな村でした。対馬の北の方に比田勝《ひだかつ》という町があって、その近くでした。唐舟志《とうじゅうし》という地名だった。そこで潜ってね。比田勝は、ここの下田のような大きな港町でね。店屋《みせや》もたくさんあってね。歯医者へも通いましたよ。対馬へはサザエをとりに行ったんです。当時はあそこは大きなサザエがとれてね。三つ四つとって上がってくると、重たいぐらいでした。サザエの缶詰工場があってね。サザエは缶詰用でした。対馬はいい稼ぎになりました。石鏡《いじか》の人が、浦請けといって、海女を集めて対馬へ連れて行ってね。大勢で行ったですよ。相差は幾人、石鏡からは何人と言って大勢で行きました。サザエとり専門でした。唐舟志から少し北の方の鰐浦《わにうら》へ行った人たちもあったようですよ。はたちから二一歳まで行きました。そのあと、神奈川の江之浦へ行ったです。そのあくる年にここへ来たんですよ。

ここへ来たのは二二のとき。出稼ぎに来てね。志摩から東へ行くのは上磯《かみいそ》といいました。テングサ採りでした。下田のちょっと北の方の白浜の近くの外浦という所の糸川さんが雇い頭で、国崎《くざき》の方へ海女を頼みに来たんですね。それで私も国崎の人たちといっしょに来たんですよ。

初めて来た年に、ここの渡辺のお母さんが私を和重の嫁に欲しくて、欲しくてね。何でもかんでも田牛《とうじ》にいてくれ、と言ってね、私を離さないの。だから、ほかの人は志州（志摩のこと）へ帰るのに、私一人、置いてけぼりをくってね。お母さんが私を気に入ってくれたのか、嫁に欲しくて欲しくてね。この人の嫁になってくれとせがまれてね。無理に頼まれてそれっきりですよ。相差へは帰らずにね。

でもね、相差の親たちは反対したですよ。だけど、縁ですね。結局、いるようになってね。お互い嫌いじゃなかったけど、恋愛というようなことでもなくてね。渡辺の人たちに見込まれたんです。相差の人たちには反対された。母親がいちばん反対しましたけどね。人の縁とは不思議なものですよ。

初めのうちは苦労しました。這いつくばって働きましたよ。はんば採りにも行ったしね。はんばというのはハバノリですよ。今ごろの冬が旬でね。秋はイセエビの網掛けをやってたから、その手伝いをやりました。子ども背負って浜へ行って、エビ網の仕事を手伝ってね。娘はもう六〇ずら（六〇歳です）。二二でここへ来て、二三で産んだんだから。エビ網は朝が早いからね。朝早く起きてご飯炊いてね。網さばき（網からイセエビやサザエ、魚などをはずし、そのあと網を干すこと）は浜でやりましたよ。私らは分家して小さな小屋建てて世帯持ってたの」

横にいる夫の和重さんは次のように言う。

「この村は、昔は今のようながっちりとした堤防はなくてね。波を避《よ》けるのにずらっとごみを積んでね。それが堤防の代わりだった。どの家も稼ぎ少ないから、豚を飼っていたですよ。暮らしは貧しかったね。二人で苦労してやって来たですよ」

「おばあちゃん（和重の祖母）がいたの。私が、女が金儲けするのはどうしたらいいか、どうして稼ぐか訊いたの。そしたらね。エビ網に掛かってくる魚があるでしょう。タカノハダイとかカワハギとか、そんな魚をこの奥の山の方の村へ売りに行ったら、と言われてね。歩いて行ったですよ。天秤棒で担うんじゃないの。ここは竹で編んだ背負籠《しょいかご》でね。それに魚詰めて売りに歩きました。山一つ越えると、農家があるから、そこへ売りに行きました。細い山道が一本あるだけ。そこを越えて行ったですよ。道は細いし、リヤカーもなかったからね。行商は初めてのことだから、売り方も知らないぐらい、泣き泣き行ったですよ。それでも続けていくことで、だんだん馴れて、売るこつというか、相手との呼吸もわかってきてね。親切にして貰ったですよ。そのうち顔見知りになって、訪ねていくと、あれ食べろ、これ食べなさい、と親切にしてくれるようになってね。正月前になると注文があったりね。これとこれを持って来てくれ、と言われるようになりましたよ。初めは泣き泣き行ったのに、馴れてからは、笑い顔で帰って来られるようになりました。

海女の仕事は六五歳ぐらいまでやりましたね。旦那の仕事の手伝いをしながら、合い間にやりましたけど、体は小さいし痩せているから寒くて駄目でした。木綿の磯着で潜ったの。ゴム製の黒いウェットスーツは、止める直前の半年ぐらい着ただけですよ。磯のシャツといってね、白い天竺木綿で縫ったシャツ、下はパンツに腰巻でした。後からは腰から下は男の股引をはいて、その上に腰巻つけてね。磯ジャツの方が体がむれないし、身も軽いんだけどね。

テングサ漁のときは、指袋というのを自分で作って、両方の手の指先にそれをはめて採りました。夜なべ仕事に縫いました。一〇本はめてやりましたよ。ずっとしてあとになってからは軍手でするようになりましたけどね。天竺木綿を三枚ぐらい重ねて刺子にしたのを指袋に縫ったですね。刺子でも何回も使うとすり切れて、穴があきました。

小屋のような家に住んでたんだけど、海岸に道がついて、その道路用地になってしまってね。立ち退《の》きになったの。学校が廃校になって使わない校舎があったから、しばらくそこに入っていたの。二年ぐらいいたですよ。その頃、この田牛へも釣りの人が大勢来るようになってね。釣り客を島へ渡す仕事をしました。結構、稼ぎになりましたよ。

エビ網でとれた魚を行商するのはずっと続けてね。相差からワカメを仕入れて、それも売ってね。最後はトラックで行くようになりました。今いる場所を買って家建てて、船を二はい（二隻）建造してね。孫二人が船長で海へ出ていますよ」

シゲ子さんは田牛ではほとんどアワビはとらなかった、と言う。潜水夫がとったらしい。和重さんは語る。

「私も雇われ潜水夫で潜りました。鉄かぶとというのかな、バケツのような帽子を頭からすっぽりかぶって、アワビとりました。大きなアワビがいたですよ。サザエは無期限、アワビは一週間ぐらいだった。まあ、昭和四〇年代までは、いい海だった。魚も貝もいっぱいいたからね。今はそうじゃないでしょう。潜っても儲かったとよろこべるような海じゃないからね。

元気なときはキンメダイを釣っていた。三〇〇尋ぐらいの深さまで綱のばしてね。針を四〇本ぐらいつける。イカが餌、それを短冊に切ってね。綱をとんとんと伸ばしていく。魚が食いつくと手応えでわかるからね。たくさん食いつくと、かたまりになって、ぼこんと揚がってくるときがありますよ」

「この人は、若いときからはばしかった。漁師の仕事は、はばしいですよ。はばしいというのは、すぐれているということです。海のことなら神様ですよ」

シゲ子さんの夫讃歌を聴いた。和重さんは昔の思い出を話す。

「戦争中に学校卒業して、一六のときかな、動員で横浜の三菱造船所へやらされましたよ。高等科卒業してすぐ行ってね。だから、三年目の夏に戦争が終わった。そのまま帰った。汽車は無料《ただ》だった。伊東まで来て、伊東からは木炭車、下田までバスだった。電車が走るのは、ずっと後ですからね」

「江之浦へ働きに来ていたとき、相差の家《うち》へ帰るのには、鳥羽行きの夜行が一本あるだけでしょう。早川の駅まで歩いてね。熱海へ行ってね。熱海が夜中だったですよ。淋しくてね。駅員さんがね、あんた若い娘さんだから、一人じゃあぶないから、ここへ入ってな、汽車が来たら教えてあげるから、と親切に事務室へ入れてくれたですよ。列車は満員で車内の通路に座わって、やっとのことで鳥羽へ着きました。

出稼ぎで初めて田牛へ来たときは、どこに下田という町があるのかな、と思ったです。騙されたんじゃないのか、とみんなで言ったぐらいですよ。海岸通りがなかったから、河津からは山の中を走るんですよ。伊東からがったんごっとんです。走っても走っても山ばっかりでしょう。下田はどこにあるんだ、と言ったですよ。バスも稲取で乗り継いで来たんだからね。

ここへ来て、分家して間もなくの頃だったんだけど、浜からすぐ山で淋しい所でした。物貰いがいましてね。勧進坊（もの乞いのこと）がご飯くれ、と言ってね。畑仕事に行って、帰ってくると、ご飯入れたお鉢がないの。隣りに小屋が建っていたんですよ。そこん中でね、ご飯きれいに食べて、お鉢だけ置いてありましたね。怖かったです。主人が沖へ出て行くのを見ててね、そのあとやって来るの。女ばかりですからね、怖かったですよ。弁当箱持って、これへご飯入れよ、と言うんですよ。がたがた震えてね。ほらよ、と渡しました。自分たちの暮らしだけで精一杯の

渚が美しい田牛の海岸

ときでしたのにね。

　村の人たちは、山の薪で塩炊きして、それを埼玉や群馬の方まで持っていって、米なんかと物々交換した時期もあったらしいけど、それは私が嫁に来るちょっと前のことですね。とにかく、夜が明ける前に起きて、日が落ちても夜なべ仕事ですからね。顔洗う暇もなかった。でも、当時は海へ行けばよろこびがあったから、働けたんだと思いますよ。若いとき、苦労したおかげ、昔から苦労は買ってでも、と言うけど本当だね」

「ばあさんはね、志摩へ電話するとすぐ相差の言葉になってね。そうやろ、そうやろと話してますよ」

　私は志摩へ行けばあちらの言葉ですよ、このように言い流すシゲ子さんは、やさしい人であった。

うちには何も土産がないから、と言って、シゲ子さんは、相差から送られてきたカットワカメの袋を二つ私に手渡す。袋を下げて海岸に出た。眼前に小島があった。島は陽を受けて黒々と浮きあがっていた。冬の日が海を赤く焼いた。

(二) 民宿のおかみ業と海女仕事

その夜、後片付けがすんだ八時ごろ、おかみの大久保かよ子さんから話を聴くことができた。

「私は田牛の生まれじゃないんですよ。石廊崎《いろうざき》の向こうの中木という所で生まれたの。昭和一〇年生まれです。南伊豆町です。中木という所はね、私の三つ歳上の人から海女をやらなくなったんですよ。女の人はみな都会へ出てね。今でいう家事手伝いですね。東京や横浜あたりへ出て行きました。私も昭和三〇年まで働きに出ていました。私は伊豆長岡でした。親戚の家です。三〇年の一一月にここへ来ました。ひょんなことから、大久保の旦那と出会ってね。縁ですね。いっしょになりました。その年に母親が弱ってしまったから、中木に帰って来たんです。そのあと一人になっちゃったもんだから、ここへ来たようなわけでね。

その時、中木で二カ月潜りました。それが初めてです。ここへ来てからは、ずっと潜っているんだけど、おじいちゃんおばあちゃんがいなかったから、子どもが大きくなるまでは、陸採《おかど》りをしていました。家から歩いて磯へ行って、漁するだけでした。潜るといっても、海女は中木でたったの二ヵ月だけでしょう。体も痩せていて寒かったですよ。泳ぎもうまくなかったし、今は、人並みにできるようになったけどね。先にみんな行っちゃって、そのあと追っかけて、私なんか漁したんです。

伊豆はどこでも以前はテングサがよくとれましてね。韓国の海女と三重県志摩半島の海女が大勢来ていました。三重は、相差《おうさつ》、国崎《くざき》、石鏡《いじか》の人たちでしたね。当時の人が、今、妻良《めら》にもいるようですよ。結婚した当時は苦労したけど、今は楽しいです。

海女は田牛は今五人だけど、海女小屋使ってるのは私を入れてあと二人、三人だけですね。船に乗せて貰って磯へ行ってね。帰りは泳いで来たりするときもあるけど、誰かに乗せて貰えればその船に乗って帰るとかね。冬は行かないです。

田牛で民宿を営む海女

ここ三年は、サザエがよくとれました。去年のいい日で、一日一〇〇キロとりましたよ。いっぱいいるんですよ。両手いっぱいに抱えて揚がってきます。

田牛の海女漁は五月からですね。以前は四月からだったけど少し遅くなりました。五月三日からと決まっていたんだけど、今は観光の関係もあって、大潮の日を見計って解禁となりますね。ゴールデンウィークは、北と南の両サイドの共同漁業権の境界の漁場で、サザエ、アワビをとります。一年で七月、八月の二ヵ月、その中で潮のよい波のない、いい日を選んで二〇日間ですね」

大久保かよ子さんはこのように話す。話の途中で階段を登る人があった。かよ子さんといっしょに潜る同僚の海女が来てくれた。横山元子さんである。すぐ、元子さんが物静かに語る。

「横浜で生まれました。昭和一九年一月生まれです。磯子区で生まれて神奈川区で育ったんです」

「浜っ子の海女とは珍しい。家は港町十三番地だった」

私が半畳を入れた。一同が笑った。部屋にはもう一人、潜水夫でアワビやサザエをとったという漁師がいた。元子さんが笑いながら続ける。

「横浜は小学校二年生までですね。そのあと、こちらへ来ていますからね。おばあさんの世話をしながら大きくなりました。田牛に住んでいます。海女小屋はすぐそこだけど、弁当持ちですよ。三人組です。九時から昼過ぎまで入っていますからね。潜るのを終えて揚がるのが一時過ぎだから、弁当持ってね。一日一回の潜りで終わるんです」

「ウェットスーツのない頃は、一日三回入っていたですよ。テングサは一〇月いっぱい採れた。だけど背負わなくてはならないし、止めました。テングサ採りが盛んな頃は、磯掃除というのがあってね。海女全員が出て鎌でカジメやホンダワラなんかを刈り取って、テングサがよく生えるようにしたもんですよ。

組合の方から日当が出ましたね。テングサは寺本さんの娘さんが一人採るだけですね。海女小屋は漁協の所有で、風呂はないけど洗たく機は置いてありますよ」

これは、かよ子さんの話だ。ここで寺本さんというのは、横山さんの横に座る人である。寺本伊之助さん、昭和一一年生まれだと言う。

「私は鳥羽の石鏡生まれですよ。一九のとき、ここへ働きに来て、ずっとこちらにいます。潜水夫でね、鉄かぶとのような帽子かぶって海に入って、アワビやサザエをとったですよ。姉がこちらへ来ていたので、姉を頼って出て来たようなわけでね。田牛の人と結婚した。

田牛も昔から潜水夫が多かった。石廊崎の方にもあって、一〇隻ほどあったかな。テングサもとりました。自分の船でやるようになってからはサザエもとったけど、カジメが生えなくなってから、アワビがとれなくなってね。いても貝殻だけが大きくて、身はちっちゃいんだね。

サザエは七、八年の周期で増えたり減ったりするらしいですよ。おととしは一日で二六〇キロとった日があった。昭和四七年ごろから、五四、五年ごろまでが良かったのかな。当時で三五〇万円ぐらい稼げたからね。サラリーマンの一年の所得を、八日で稼ぎましたよ。それだけ豊かな海が目の前にあったんだね。金になるから無理するでしょう。欲と道連れだ。潜水病にかかってね。助かったけど、今も足腰が冷えますよ。同じように働いていたのが、その日に死んじゃった人がいた」

かよ子さんは寺本さんの話に続けて語る。

「私のおじさんは朝出て、夜は死んで帰って来たですよ」

次もかよ子さんの話である。

「足にひれを着けて潜るようになってからね、とりやすくなったから無理しますでしょう。突発性中耳炎になって、耳は補聴器が必要です。アワビがよくとれたから、面白くてね、夢中で上へ揚がるようになって、耳を悪くしてしまったんですよ。

冬はハバノリを摘みます。ここの海女は志摩のように、イセエビやナマコはとらないですね。昔の海のいいときは三月中旬になると、ワカメがよくとれました。天然のワカメですからね。いいのがとれたんだけど、今は、何もかもとれなくなりました。トコブシも減ったしね。

おごりといってね、海女みんなが集まって、ご馳走作って、一年無事だったことを喜びあって祝う行事があったの。だけど、海女も五人しかいないから、そんな行事もしなくなりました」

「去年はとるものが少なかったし、私はいちばん下手だから、よくあって一日四、五万円ですよ。二年前はもっとよかったけど、去年は日当稼ぎにもならなかった。私ら海女は、石を引っくり返しても必ず元に戻しますけど、男の人たちはあまりそれをやらないから、漁場が荒れるばかりですよ」

このように言う元子さんの歎きは、かよ子さんも同じだ。寺本さんは、田牛には海士が六人ほどいる、と言う。サラリーマン上がりだが、組合員だから、お前は駄目だ、とは言えないらしい。日本中どこの浦浜も同じような課題を抱えている。

「私なんかは、民宿をやっているから、朝の片づけをやって、夕方のお客の献立の準備をし終ってから、海へ行きますからね。人のあと追っているようなものですよ。買い取り（出荷のこと）は二時からですから、潜る時間は短いですよ、ほかの人よりはね。とったものは二キロまでは家へ持って帰れるんですね。あとは市場へ出荷しないと駄目なの。海女小屋へ漁協の人が買い取りに来てくれるんですよ。漁協が買い取って、あとは蓄養場へ入れるなり、すぐ出荷するなり、その時のとった物にもよりますね。

アワビをとるときの、のみは、岩の穴へ入っていく人は小さいのと長いのを持っていくけど、私らは一本だけ。握る部分に木の柄がついていて、三〇センチぐらい、先は貝を起こすように、へら状ですね。鉄製ですがステンレスではないです。柄に焼印を押してね。下へは滅多に落としてしまうことはないけど、そんな時は拾った人は誰のかわかるしね。

昔は夜中に磯へ行ったですよ。夜磯といってね。あめやのかよ子さんに教えて貰ったです。夜磯は禁止になりました。カンテラのあかりでやりましたよ。あめやのかよ子さんは私と同じ年です。海が大好きな人でね。最初の時なんか、私はこの土地に馴れないし、頼る人もなかったから、あの人にいろいろ教えて貰ったんですよ。ハバノリとり教わったんですよ。田牛では海苔とりの名人ですよ。

ヒジキもいいのがとれますね。テングサを入れる背負籠に入れて運んでね。持ち帰って大きな釜で七、八時間蒸して、ひと晩寝かせて、それを干してね。なかなか手間がかかりますよ。

きれいに掃除された網干場－田牛で

娘は地元にいても海女はしていないし、海女仕事は私一代限りですね。それでも家の前にはいい海があるし、いろいろんな人に助けて貰ってね。苦労もたっぷりしたけど、今になって思うと、私、幸せですよ。海のおかげ、田牛の村の人びとのおかげ、人の縁というんでしょうか」

朝早く目覚めた。海は凪いでいた。道路へ出たら真正面から陽が昇った。白い砂浜である。地元では前の浜というらしい。朝日が見事である。古くは、朝日村といったが、こう名付けたのが納得できる朝の情景であった。

下田まで送りましょうと、民宿の旦那が自動車のエンジンを入れる。おかみのかよ子さんがハバノリの袋を土産にといって手渡してくれる。同じものをゆうべ横山元子さんからも貰った。黒光りした、寒中に摘んだハバノリであった。

海女小屋へ立ち寄って貰う。隣りにイセエビの刺網を捌く場所がある。どの区画もきれいに掃除されていて、それぞれの柱には行儀よく竹箒が吊るされていた。コンクリートの三和土にはカジメが干してある。ちぎれて流れ寄ったのを拾って乾かしたのを、畑へ運んで、野菜づくりなどの肥料の足しにするのである。カジメの中に、ボウシュウボラの貝殻が一つ、ふところに抱かれるような感じで、冷たい潮風の中にあった。

田牛の海女小屋、手前にはカジメが干されている

附記

田牛で潜水夫によってアワビが採取されたのは、一八八二(明治一五)年頃かららしい。一九七〇(昭和四五)年一〇月、千葉県の水産試験場にいられた大場俊雄さんの調査によると、田牛の渡辺芳夫家の所蔵文書である、「賀茂郡朝日村田牛鮑沿革」によれば、明治一五年から始まったことが記録されている。渡辺芳夫氏はすでに故人であるが、家は白浜屋という。

また、潜水業は作業分野によって三つに大別され、漁業にたずさわる潜水夫は海産もぐりといわれる(他は、沈没船などの引き揚げのサルベージもぐり、築港、護岸工事分野の築港もぐりがある)。

潜水病はケーソン病ともいわれ、潜水夫の間でも最も怖わがられている。しびれのために不具になったり、不幸にして死亡した潜水夫は大勢いる。海底など気圧の高い所で長時間作業していて、急に通常の気圧の所に出た際、血中に溶け込んでいた窒素が気泡となって細い血管をふさぐためにできる疾患である。筋肉が痛くなったり、めまいや手足のしびれなどが起こる。

以上は、大庭俊雄著『潜水器漁業百年』及び『広辞苑』の記述を参考にしてまとめた。

四　命果てるまで―熱海の海に

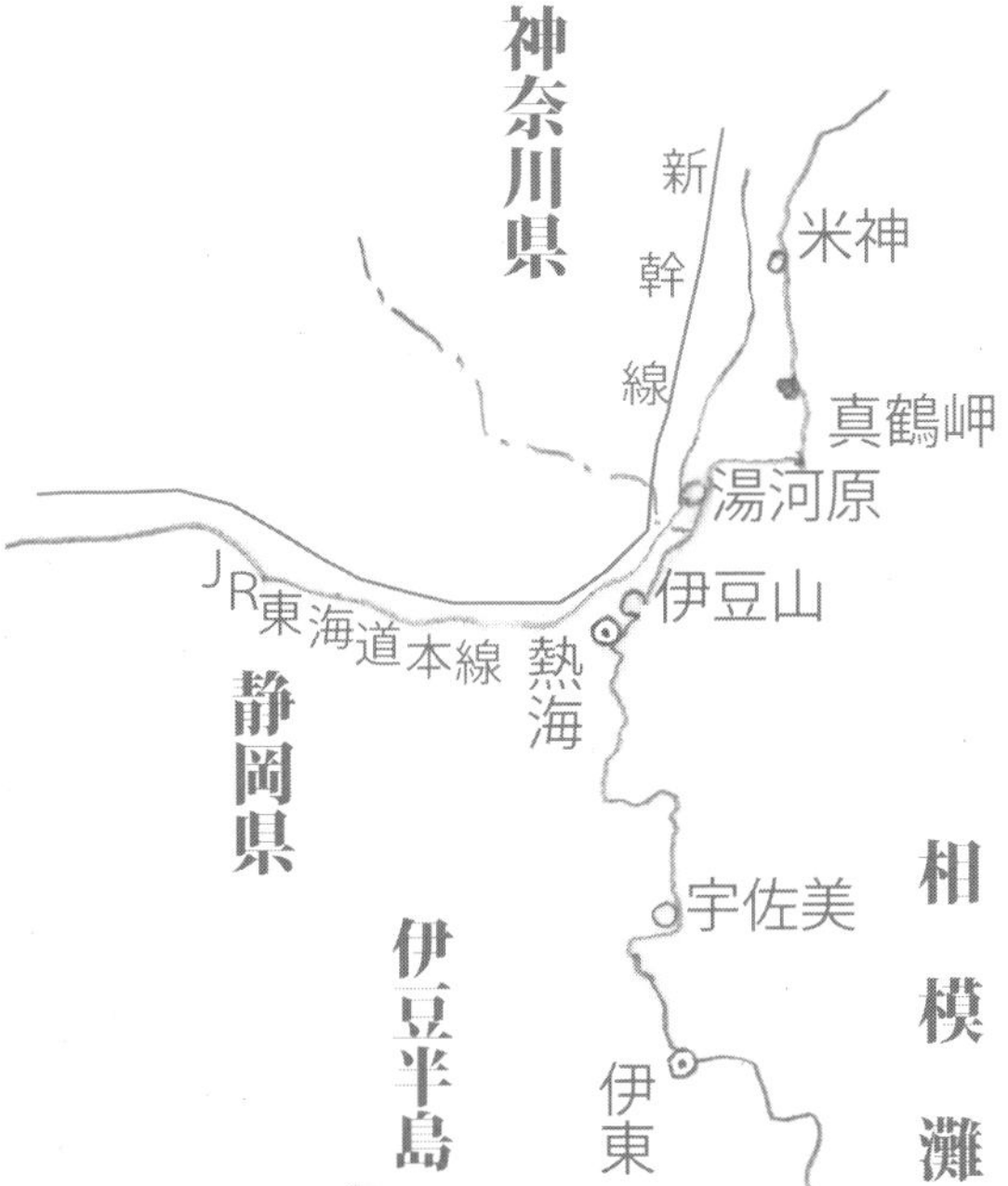

二〇一三・二・一四〜一五
静岡県熱海市伊豆山
島静子さん
川口スミ子さん

（一）六八年の潜き人生

静岡県大熱海漁業協同組合の理事である島康之さんの案内で、母親の島静子さんを訪ねた。軽トラックは海岸へは行かず、細い坂道を登った。途中、東海道本線と新幹線のガードをくぐった。日本最高齢の海女に会える。そんな期待を抱きながら坂を登る。

「海辺とは逆で、山の方角ですね」

「このあたりの漁師はみんな高い所に住んでいますよ」

軽トラックの中での二人の会話である。これから先はちょっと歩いて貰って、と言いながら、トラックを道の脇に止めて、島さんは私の一歩先を行く。訪ねた家の庭には夏みかんが実り、細い枝を垂らしていた。

「こんにちは、お邪魔します」

と玄関に立って声を掛ける。

「うちの婆さん、耳が遠いんでね」

島さんは座敷へ上がれと私を促す。静子さんがそこにいた。仏壇の前で話を聴いた。

「この顔がね、日本中に映ったんだって。でもしょうがないよね、テレビだからね。島静子です。しずは静岡の静、昭和四年生まれです。八四歳ですね。三重県の志摩の国崎《くざき》で生まれました」

静子さんは両耳に補聴器をつけている。が、元気な声である。はきはきと話す顔付きは七〇歳そこそこと言っても、誰も疑わないほどの若々しい感じである。眼鏡の奥の目がやさしかった。

「この前、あなたから息子のところへ送って貰った本を、私も読んだの。あちこちの人にも読んでくれと言っているんだけど、あの中に、志摩の安乗《あのり》の昭和六年生まれの海女のことが書いてあるでしょう。あれがね、私のすぐ下の妹なの」

偶然とはいいえ、少々驚く。

「珍しい。そんなこと知らずにきょうお邪魔したんです」

話題はとぶ。声は至って元気で張りがある。

「耳が遠くてね。もっといい補聴器を買え、と言ってくれるけど、この年になって、あと何年生きるかわからないのに、そんな高いのいいよ、と言っているんですよ。潜っていてね、耳が悪くなって、六〇ぐらいのときに聞えなくなったの。右がちょっと聞えるだけでね。左は全く聞こえないの。鼓膜が駄目になっちゃってね、しょうがないよね、この年になればね。病院では、潜らなければ少しはいいだろうと言ってくれるけど、私から潜りとったら何が残る」

静子さんは潜ることが楽しいのだ。海女であることに誇りを持っている。「何が残る」ときっぱり話す言葉にそれを感じた。

「若いと時のようには仕事できないの。でもほかの仕事ができるわけでないしね。きょうも朝からちょっと行って来ましたよ。アワビとサザエを狙って行くんだけどね。きょうはアワビ幾つだったかな。四つだった。サザエは五〇個ぐらい。三重県から度の入った眼鏡を買ったんだけど、それでも見えなくてね。おとといなんか何にもとれなくてね。サザエ一〇個だけだったもの。息子の船で連れてって貰うんだけど、息子、いちばんとれない場所へ連れて行くんだからね。こんな所へ連れて来て、と言おうと思ったけど、そう言えば息子恐るからね、私、黙っていたですよ」

静子さんが話しながらお茶を淹れてくれる。摘《つま》むものが何もない、と言いつつ、天津栗を出してくれた。一つ摘んで皮をむいて、口へ入れた。

「働きに来たのは、一六歳だった。ここよりちっと北の、米神《こめがみ》という所へ来たですよ。根府川の駅で降りてね。私、泣いたですよ。あそこではアワビはとらなかったの。テングサをとりました。私の一つ年上が二人と私と、一つ年下が二人で海女が五人、それに船を漕ぐとまいさんと合わせて六人で来ました。とまいさんはもちろん男だけど、この人も国崎の人だった。

住み込みで四月に来て、一〇月に帰りました。一〇月に帰ると、次は一一月から愛知県へ稲刈りの仕事に行きましたよ。秋仕《あきし》といったね。よく働いたですよ。根府川から伊東の湯川へ来て、そこから宇佐美へ行ってテングサをとったこともありましたね。伊豆の宇佐美へは毎年《まいとし》来ていたね。伊東よりちょっと熱海寄り。嫁に来たというか、結婚したのは昭和二八年だった。二九年に長女が生まれたからね。二人目が男の子でね。子どもは二人授かっただけだけど、子育てしながら今まで休まずずっと海女ですよ。

初めは潜りが嫌でね。昔の学校はね、高等科になると、学校のお勉強止めて磯へ行ったんです。

ふれがあるの、村中、あすはどうだと言いながら、知らせるわけ。きょうどこどこのアワビとり、とふれがあるとね、先生が家へ帰れ、と言うの。私、嫌だから学校にいたんだけど、みんな帰っちゃうでしょう。だから、私、嫌だったけど、いっしょのようにして海へ行ってね。そんなにして習ってね。嫌だ嫌だと言いながらね、八四まで潜っちゃった。今は、止《よ》す気にならないの。国崎に弟がいてね、もう止《や》めなよと言うんですけどね。

一年中潜っていますよ。だけど、今年から三重県なんかと同じように潜る日を決めるらしい。三月からは九時からになるらしいですよ。ウェットスーツ、黒いゴムの服ね、あれを着て潜るからできるけどね。それでも今は冷いですよ。朝、七時半にここを出て、歩いて坂降りて港まで行ってね。そこに海女小屋があるから、火を焚いてね。志摩の海女小屋ほど立派じゃないの。掘っ建て小屋だね。一時間ぐらい潜るだけだから、とれるものは少ない。以前は市場に出したけど、今は市場に出すだけとれないしね。自分で売っちゃうの」

こんな話を聴いているとき、来訪者があった。若い男の声である。巡査であった。静子さんは巡査の名を呼び、上がってお茶を呑んだら、と勧めている。高齢を気遣ってか、毎日見廻わりに来てくれる、と静子さんは話す。

「私、こちらへ赴任して二年になるんですが、こちらのお婆ちゃんが、自分の子のように親切にしてくれましてね。きょうも元気かな、と坂上がって様子見に来るんですよ。

とにかくここのお婆ちゃんはすばらしい。八四歳になっても、きちんと自分を管理してますからね。この人のすごいことは、海で生きてきた女だけど、海では死にたくない、これが口ぐせなんですよ。海で亡くなった人がいたらしいです。それを見たときにね、地元の漁師さんはもちろんのこと、消防団やら警察やら大勢の人の手を煩わせる。あれが大変なことだと言うわけなんですよ。幾つになっても迷惑を掛けちゃ駄目だ、潜らせて貰っているのは、海のおかげだ、と言っているんです。だから、人に施すことを忘れない人です。お婆ちゃんが八一のとき、私出逢いましたけど、決して無理をしない人だ、と言えますね。

毎日パトロールして、変わったことない、と声掛けて、座敷へ上がり込んで話して帰るんです。火の用心もありますから。

島静子さん、今年八四歳、一六のときから海女の仕事をやって、きょうまで六八年、もうすぐ七〇年に達するわけだからね。並大抵のことではなかった、と思いますよ。僕の大好きなお婆ちゃんです」

巡査は携帯電話のベルに促されるようにして、立ち去って行く。時計の針は三時を指している。

「アワビよりテングサの方が金になった時代がずっと続いたですよ。今はテングサは少ないし、誰もとらない。国崎から海女の仕事で来て、最初に、伊豆山の人と結婚したのは、私より五つ六つ年上の人だったね。私らいっしょに来た五人はみなこちらの人と結婚したけど、二人は死んでね。一人は富士市に越しちゃってね。もう一人はちいとの間潜っていたけど止めてね、今は近くの団地に住んでいる。当時の海女は私一人になってしまってね。淋しいよ。

あしたは私とね、姪《めい》っ子がいっしょに行くの。主人の弟の娘ですよ。その子がね、やる気があって海女になると言うからね、そんなんだったら、私が生きているうちに少しでも教えてあげるから、いっしょに行こうって言ってね。だから、今はここの海は海女二人なの。

やり始めてまだ六、七年ぐらいだと思うけど、やる気があるから、きのうなんかサザエ一〇キロあった。市場の相場は一キロ当たり、一、〇〇〇円は下らないからね。それにアワビがある。ここの海、アワビいますよ。男の海士《あま》は毎日とってきますよ。姪っ子なんか、きょうもサザエをスカリにいっぱいとったからね。偉いよ」

スカリというのは、とった貝を入れる網袋である。かつての海女漁は、木製の磯桶を海に浮かべて、その中にとったものを入れた。今は、浮き輪の下に網袋を垂らしておいて、獲物を探すのである。

「ここの海はワカメは三月の末にとります。ヒジキはあまりないの。ハバノリはたくさんとれますよ。一六日から口開けだって。だけど私は行けない。足がしっかりしていないからね」

こんな話から、次は昔の子どもの頃の思い出話など、次々と出る。

「父親が戦死しちゃってね。フィリピンでね。そのあとは難儀しました。母親は大変だったと思いますよ。田舎でしょう。苦労したんですよ。お父さん戦死したからね、母親は腰抜けのようになってしまってね。海女だったけど、潜りは下手だったしね。いくじのない親だったですよ。私なんか、戦争中に学校卒業して、土方の仕事があると、それにも出ましたね。モンペはいて出たですよ。母親は四人の子を育ててね。長生きして、九二で亡くなりました。私は二人で難儀したのにね。でも私は、孫二人の世話をしたんだよ。今、一人はもう二五になってるけど、孫たちが私を大事にしてくれてね。小遣いをくれますよ。子どもなんか取っていくのが専門だのにね。

母親の反対押し切って来た（結婚した）からさ、帰りたくても帰れないじゃないの。あんたはいちばん上だから行かないでくれ、と母親は拝むように言いましたけどね。ここだと都会だし温泉もあるし、ひかれるものがあったんですよ。今、考えてみるとね。

縁だったというんでしょうかね。こちらでは、どうしても私を欲しいと言うしさ、相手を嫌いでもなかった。すぐ下に妹たちがいるから、つかえているじゃん。妹たちが嫁に行けないからと思ったしね、私がいればね。だから私が早く嫁がないと、あと控えているでしょう。近くにいれば良かったと思うこともあったけど、押し切って来た以上、帰ることもできなかった。

私たちは三男坊の分家だったから、財産は何もなかったけど、舅姑とはいっしょじゃなかったから、気楽だった。でもね、親類が多かったからつきあいもあってね。長い間には、いろいろ煩わしいことも多かったですよ。今はね、天下太平。

昔のこと言っても始まらないけど、アワビでもサザエでもたくさんいましたよ。結婚した頃からしばらくは、今よりうんとアワビいたですよ。とれた、とれた。市場に出してね。そのほか真鶴へも持って行ったね。その真鶴にも海女が一〇人ぐらいいたんだよ。国崎《くざき》と相差《おうさつ》から来ていましたよ。

若い時は、一三尋ぐらい潜ったけど、今は三つ（三尋）ぐらい。息が短かくなったですね。深い場所まで潜っていくとアワビでもサザエでもいっぱいいたんですよ。それを胸いっぱい抱いて上がって来るとね、体が沈んじゃうようだった。若かったから力いっぱい働けたしね。でも年とってしまってね。しょうがないね。みんながね、お婆ちゃんもうちょっといてよ、と言うけどね、あしたがわからないからね。

でも、息子がいるからこれからのことは安心してるけどね。こないだだったんだけど、夜中に気持ち悪くなって寝込んだことがあったの。息子に、康之よ、ゆうべ気持ち悪かったんだよ、と言ったらね、『お婆ちゃん、今、焼場が混んでるからもうちょっと待っててくれだとさ』、こんなこと言うんですよ。あとしばらくは海へ行けるかな、と思ったりしてね。朝起きるとね、きょうも行ける、と思うの。それが嬉しいの。それが幸せですよ。元気でいることがいちばんだね」

六八年を海とともに生きた女のたくましさを目《ま》の当たりにした。年老いても若々しく、自然と共に働くことのすばらしさを、この人に見た。話の一つひとつに、働いて来た人の自信があった。

帰りぎわ、生まれ在所へは行きませんか、と訊いた。静子さんはさりげなく答える。

「行けば弟やその嫁が、姉ちゃん姉ちゃんと言ってよくしてくれるけどね。それに甘えてはいけないしね。親がいなくなるとね、生まれ在所も遠いですよ。あちらでは、姉ちゃん、わしげ（私の家）へは来やへん来やへん（ちっとも来ない）と言うとるらしい」

最後に、ひと言、静子さんは生まれ在所の言葉を遣った。「来やへん、来やへん」という言葉に、八四歳になった今も、故郷への思いのあることを、ふともらす。私は、このひと言を胸に納めた。

（二）白波寄せる伊豆の岸辺へ

岸辺へ打ち寄せる波の音に目覚めた。朝五時、宿の部屋の窓から海を見、空を眺めた。うねりはなかった。空がどんよりと曇っているようだ。雨が降らなければ、漁に出ると静子さんは言った。きのう案内してくれた息子の康之さんとは、朝八時に港で落ちあって船に乗せて貰う約束ができていた。

部屋の窓から右側少し先に小さな港があった。伊豆山の漁港で、僅かばかりの漁船が舫っている。港の上を道路が走る。熱海ビーチラインの橋梁が港半分を覆っている。七時半港まで行く。下り坂である。雨は落ちて来ない。心なしか雲が薄くなっている。

熱海伊豆山の漁港ーその上を自動車専用道路が走る

小さな港であった。狭い場所いっぱいに小屋が建っている。角が静子さんの海女小屋らしい。小屋の前のテーブルの上に置かれたバケツに、静丸と書かれていたからだ。小屋はみな思い思いに建てたものだろう。冷蔵庫も並んでいる。漁師たちの半日の暮らしが、ここにあるとわかる。漁具などが乱雑に置かれ、ビニールの合羽や洗濯した作業着ほかいろいろなものが吊され、朝の潮風に揺れていた。

港の奥まで歩いて行って人を待った。軽トラックが向こうからやって来た。漁師が降りる。お早うございます、と挨拶をした。

「誰か待ってんの」

「島さんという人」

「俺も島なんだけどな」

「康之さんという人を待ってるんですよ」

「ああ、その人だったらもうすぐ来るよ。お婆さん、小屋にいるんじゃない」

漁師は、あれが小屋だと指さして教えてくれた。この人も八時から漁に出るらしい。小屋の前で声を掛けようとしたら、その前にドアが開いた。静子さんが長い着物で出て来た。手洗いへ行って来るから、中へ入れと勧める。ドラム缶に薪が焚かれ、炎が上がっている。温いというより暑い。中へ入り、うずくまるようにして暖を取った。康之さ

自動車専用道路の下にある海女小屋

んがやって来る。薪は松であった。山の枯れた松が幾らでも貰えると言う。

若い女性が、お早うと入って来た。きのう聞いた姪っ子である。挨拶を交わした。

「川口と申します。きょうはよろしく」

潜く一熱海の海で

「私も川口です。スミ子と言います。川口の川は三本川の川、スミ子は片仮名のスミです」

「偶然とはいえ、ちょっと嬉しい気分です」

こんなことを言い交わした。雨にならなければと、それだけが心配であったので、何でもない偶然が、これからの一時間の無事につながるように思われて、心が和んだ。

雨になるといけないから、ちょっと早く出よう、と康之さんは二人を促した。私は外に出た。老若二人の海女がウェットスーツに着換えるのを船べりで待った。康之さんはすでに黒装束である。四人を乗せて静丸は漁場をめざした。

「昭和四三年生まれです。海女を始めて七年目ですから、まだまだ新米ですよ」

熱海の漁場で―潜く前の３人

「新米だと言うけど、なかなかの腕でね。将来有望だ」

舵を取りながら船頭は従妹を褒める。

船上の二人の海女は、草の葉で入念に眼鏡を磨いている。志摩の海女でも同じようなことをするが、葉が違うようだ。何の葉か、と尋ねた。ちなみに志摩の海女はツワブキの葉でガラスを磨く。

「タンポポの葉なんですよ。冬は枯れてしまうから、その前に摘んできて、冷凍しておきます」

スミ子さんはひとつかみのタンポポの葉で、ガラスの両面を磨いた。タンポポの葉は心なしか黒っぽい。静子さんも磨く。志摩から送って貰った度の入った眼鏡である。目のところが二ヵ所、そこだけガラスが厚い。レンズになっている。

「私たち二人は若いからね、こんなのはいらない」

康之さんが笑いながら言う。

漁場は港から北へ僅かばかりの所であった。静子さんが足ひれを履こうとしている。足ひれは黄色だ。素

「ああ、冷たい」のひと言のあと、潜く８４歳の海女
―向こうは熱海の温泉街である

足に着装する。踵《かがと》がなかなか入らない。

「年とると動作がにぶくなってね。しょうがないね、しょうがないね」

船の上でも、しょうがないね、が口から出た。静子さんは、磯のみをつかんで靴べらのようにして、冷えた足を足ひれに入れた。三人は眼鏡をつけた。船頭が小さな碇を海中に投げた。静子さんがいちばんあとから海に入った。船べりから手を離して海中の人となる。

「ああ、冷い」

これが最初のひと言であった。

船の上で三人の潜《かず》きを見た。着かず離れずの位置で潜る。岸からは一〇〇メートル足らずの浅い漁場である。静子さんの体を考えてのことだろうが、岸近くにアワビの育つい い磯があるからだ。とったものはスカリに入れるから、船の上からはいつアワビをとったのか、サザエをつかんだのかは、ほとんどわからない。時折海面に顔を出す。その姿を追うが、沖からの波に船が揺れて、写真を撮るのもままならない。両脚を拡げ突っ張って体を支え、シャッターを切る。真鶴岬が望めた。白波が岸に砕ける。

磯の浦に来寄る白波反《かへ》りつつ
過ぎかてなくは誰にたゆたへ（1389）

伊豆山の海女を訪う二日間の旅嚢《りょのう》に、新版の岩波文庫の『万葉集』をしのばせてきた。新幹線のこだまの車中で読んだ、巻七の「海に寄する」と題する何首かを思い出していた。「磯の浦に来寄る白波」、この情景と全く同じ海辺が目の前にあった。伊豆の岸辺に砕ける波が、年老いた海女の体を恣《ほしいまま》にした。

漁は一時間ほどで終わった。康之さんは、たった一時間の潜りだから少ない、と言ってスカリからとったアワビを見せた。見事なクロガイが一五個ばかり。スミ子さんもとっていた。サザエもたくさんある。静子さんはサザエ三〇個ほどにアワビは五個であった。岸に近い場所だから、クロガイがほとんどである。康之さんは潜る仕事の前に、夜明けから、刺網をあげ、イセエビ一〇尾の漁を終えていた。船の中の水槽に生かしてあると言う。蓋をあけて見せて貰った。一尾三〇〇グラムは優にある。伊豆の海は豊かだと実感した瞬間であった。

潜きを終えて成果を語り合う２人

岸辺の道は熱海ビーチライン、自動車専用の道である。潜れる漁場は、ビーチラインの終わる所までだ、と康之さんが話す。晴天であれば、海の底まで見えただろう。道路からすぐそばに一軒の人家が建っている。空き家ではなさそうだ。山の上からの道が生活道路である。一本の自動車の道が人びとを海から遠ざけている。ハバノリを摘むのには大変な遠廻りだ、と余計な心配をする。舟は港に帰った。三人は温泉に入って来るから、小屋で待て、と言う。小屋に入って焚火に当った。漁港の近くに、昔から知られた「走り湯」がある。海で働く人たちは、船から上がると、何はさておいても走り湯へ駆け込んで、体を温めるのである。

小屋に、あすから始まるハバノリ採りの日程が貼ってあった。夜磯は夕方の六時半から、昼磯は朝八時から、夕磯は午後一時半からと、指示されている。磯は二人以上で行くこと。雨の日は中止。この二行の注意が添えられていた。

静子さんが焚火の上に大きな金網を載せ、とってきたアワビとサザエを並べた。すぐ焼けるから、食べて帰りなさいよ、と火箸を休めずに動かしている。歳取ったと言うばかりだが、何とも気働きが行き届いている。きのう、部屋の鴨居の上に飾ってある感謝状を見たが、それは、長年漁協女性部長を務めたことへの労いのしるしであった。社会的な経験が動作の端々にあらわれるのだろう。

焼けた貝を網から下へおろし、アワビの身の真ん中へ割箸一本を突き差す。これおいしよ、と笑顔で私に渡してくれた。熱あつの焼きアワビ。静子さんがつい先程、前の冷い海に潜ってとったものである。命がけでとったものを、これはまた何とも申し訳ない、こう呟いて私は身を翳る。

スミ子さんは化粧をしながら語る。

「主人も潜りますけど、きょうはほかの用があってね。私なんか子どもが大きくなって、手が離れてから始めた仕事ですからね。まだ一人前じゃないですよ。同僚はいないしね。一人っきり。潮まみれの仕事より、陸《おか》の仕事だったらきれいな格好で働けますからね。海女やる人いないですよ。今のところ、私一人がお婆ちゃんの後継者といいますかね。でも、この仕事はやる気さえあれば、磯は応えてくれます。こんなありがたい職場はない、そんな気持ちで海へ出るんです。波が静かで雨さえ降らなければいつでもできます。ただ海女の仕事は、お婆ちゃんと並んで潜って行って、海の底でアワビとるこつを教わることはできないから、やっぱり、自分自身が体験していくだけですよ。それしかないんです。昔のことなんか、いろいろ話してくれますけどね。

主人と二人でカレイ網もやります。私の所は一枚網だから、あまり大きいのは掛りませんけどね。三枚網でやろうとすれば、改めて許可を取らないといけないし。三枚網ですと、四キロもあるような大きいのが掛りますよ。あすは二人で出ます。三時には沖へ出て網曳きます」

「漁協は正組合員は七〇人ぐらい、準組合員は多いですよ。三〇〇人ぐらいいるのかな。網代は伊東と合併したけど、ここは漁協合併はしない、と決めていますよ」

康之さんはこう告げて、一足先に港を去った。

熱海という日本有数の温泉の街に、村があった。そこはまぎれもなく、漁村であった。しかし、熱海ビーチラインを走る人びとは、ここに、海で働く人びとがいることには気づかず行き過ぎるに違いない。どこまでも伸びるさまざまな観光施設が、昔からあった漁村風景を後ろへ押し込んでしまったからであろうか。崖の裾に肩寄せ合うようにして建つ幾棟かの作業小屋、物置、そして海女小屋。崖の上には、これらを押し潰すように巨大なホテルがわがもの顔である。

それでも伊豆の海は美しかった。僅か一時間の潜きで、みごとなクロアワビがとれる。三人のを合わせれば三〇個近くあっただろう。加えてサザエ、ナマコがとれた。豊かな海がここにあった。伊豆の海が豊かであるように、海で働く人びともまたゆかしい心の持ち主ばかりであった。命いっぱいに働く人の姿の何とすばらしいことか。八四歳の海女、そして長年培ってきた技を覚えようといっしょに潜る若い海女。働くことの貴さを熱海伊豆山の海で見た。

雨が降ってきた。

「全部終わってちょうど良かったね。きょうは三重まで帰るの。気をつけてね。また来てよ」

はきはきとしたやさしい声である。

「何のおかまいもできなくて」

スミ子さんが温いお茶を一本くれる。焼きサザエを噛んだあとの、口の中のほろ苦さを流すのにはありがたい、そんな思いで、立ち飲みした。

「お世話になりました」

ひと言の挨拶であった。海女が二人、冬の雨の中で私を見送っていた。

五　志摩志島で海女に会う

二〇一二・九・二一
三重県志摩市阿児町志島
廣岡サナヱさん
廣岡里枝さん

（一）志島の海女に会う

志摩の志島を訪ねた。志摩の俳人として知られる廣波青さんのご厚意で、二人の海女に会うことができた。漁村はどこでも道が細い。狭い道をふさぐようにして、人びとは干しあがったアラメを、軽トラックに積み込んでいた。

二人の海女は、廣岡サナヱさんと廣岡里枝さん。二人に年齢を尋ねたら、私は昭和一二年生まれ、とサナヱさんは答え、里枝さんは九つ年下だと言った。

サナヱさんが口火を切る。

「二二歳のときに結婚して、そのあと海女になりました。それまでは主にアラメ切りの海産物加工の工場に働きに行っていました。地元の工場でしたけどな。アラメを干して、黒うなったのを大きな釜で蒸して、それをもう一度干します。それを細《こま》こう千切りに切る仕事があります。海女を始めたころは、アワビもようけおったで（たくさんいたから）、アラメ切りのときより、収入は増えました。

志島では、今八人の海女が潜いていますけど、私らは四人が一組になって一艘の船に乗り合わせて、漁場に出ます。志島では、とまえ船と言うとるけど、夫婦で行く舟人《ふなど》というのもあるし、各自、陸《おか》から行って磯に入る徒人《かちど》という海女もあります。私はとまえ船で行く方法以外はやらんですわ」

「私も同じです。とまえ船です。私も結婚してから海女になりました。それまでは、この向こうの立神の真珠養殖漁場に雇われて、珠入れ※1の仕事をしていました」

里枝さんがこのように続けた。二人とも体が動く限り続けたいと口を揃えて話す。サナヱさんは、ぼけん限りはなあ、と笑い、あと五年はなあと言う。八〇歳まではやるつもりと、その心意気や壮んである。

志島の海女漁は、五月一日に始まり、九月一四日で終わる。そのうち、土曜日は休漁であり、お盆は漁に出ない。そのほか地区に死人が出れば葬式の日は休む。これは、地区が地域共同体として成り立っていることのあかしであろう。

海女は、よく働くことで知られている。志島の人たちもその例にもれない。海へ出ないときは、畑仕事をする。サツマイモを植え、タマネギもつくる。サツマイモできんこを作る。志摩地方の特産品であるきんこというのは、サツマイモを蒸して（煮る所もある）、皮をむき、幾つかに切ったのを天日に干して、固くした保存食である。干すことで甘みが増す。乾燥ナマコをきんこと呼ぶが、天日で干され、飴色をしたサツマイモがそれに似ることから、このように名がついたといわれる。以前は、麦を、栽培したし、それらの仕事が終わると、茶摘み仕事に出た。サナヱさん

※1　アコヤガイの中へ、ドブガイの殻で作った核を挿入すること。この核が真珠となる。

は言う。

「八十八夜のころになると、四日市の水沢《すいざわ》へ茶摘みに行きました。秋は、まず磯部へ行って稲刈りです。そこをすませて次が松阪近辺、そのあと名古屋近くの飛島村あたりまで働きに出ましたな。秋仕と言うて、何人かで雇われて行きましたわ。志島でも田のある家では、米を作り畑もして、畑はサツマイモ、小麦いろいろやりましたな」

二人は同じ船で乗り合わすから、海女小屋もいっしょである。磯の近くの小高い山の陰に建っている。私が訪ねたときは、漁が終わってからであったから、海女小屋は片づけられていた。中を覗いたら、たたみは窓に立て掛けられて、来年の五月を待っていた。

里枝さんは次のように話した。

「海女の仕事に出た日は必ず小屋で過します。体を温めながら、昼休みをし、またその日の潜きが終わってからも、ゆっくり休んで家に帰ります。話題は、いつもその日のとれ高、世間話もするけど、昔のように嫁の話なんかはしませんな。家族の話はあまりせんように気をつけているし、嫁との同居という家庭が少ないで、そうなるんやろしね。焚火は家屋の廃材です。それと浜に寄って来る流木を拾ろう。これも役立っているんです」

「誰でもそうやと思うけど、海女の技術はほとんどが見よう見真似なんです。いっしょに潜って行って、貝おる場所を教えて貰ろたわけでもないし、年を重ねるごとに、こつを覚えて上達していくんですわ。息の長い人、短い人、個人差はあるけど最後は体力やろ。どんな仕事でも上手下手はあるで、海女の世界では、アワビをようけとる人が上海女《じょう》といわれるんです。貝とるのが、上手な海女ということですわ」

このように言うサナヱさんは、志島では上海女の一人だ。次のようにも話す。

「私の場合は昭和四〇年代、いちばん金になった。アワビがようけおったですでな。ひと夏で三〇〇万円稼ぐのはあたり前の時代でしたな。娘が嫁に行くとき、その年の私の稼ぎで、結婚の準備すべてができました。今は、多い日で一万、二万といった水揚げやでね。

私が結婚するときは、これから海女をするということもあって、新しい磯桶を持って行きました。海女のいる在所では、それが嫁入り道具でいちばん大事な物と言われていました。志島に桶屋があって、その人に新調して貰《も》ろてな。その海女も今は八人だけになってしまいました（参考・平成一九年一七人・二二年一四人）。あと若い人がおらんのですわ」

三重県志島の海女２人
ー海女小屋の前で潜水道具を揃えて

里枝さんの話も海女ならではの見聞である。

「嫁に入ると、海女漁のことは嫁が中心でやりました。生理のときも行きましたしな。誰でもみんな行きよったですわ。船で乗り合わせて行くんやでね。そんなときは、出血せんように潜くのには気をつけました。臨月のときも行きました。ある人は、大きな腹して潜《かず》いとって、朝から一回潜いて、休んどって二回目入るときに腹痛うなってきてな。私らが二回目潜いて船に帰ってきたら、もう子《こお》産んどったことがあった。二人目の子で安産やったんですけどな。誰でも予定日ぎりぎりまで潜いたんです」

志島ではないが、前志摩《さきしま》半島のある海女の町で、海から帰った臨月の海女が岸で産気づき、そこに居合わせた漁師何人かが、岸にあったバンリュウに海女を入れて、家まで運んだ、という話を聞いたことがある。バンリュウというのは、カツオなどを運ぶ竹で編んだ大きな籠で、人間一人が楽に入ることができた。

志島の海女は磯のみ三挺で漁をする。短いのは、握るところに木の柄がついているので柄のみといい、次にやや長いのみ、いちばん長いのは七、八〇センチある。漁場によって大中小の三本を使い分ける。とった貝などはスカリという、浮き輪に網を取りつけた道具を海面に浮かせておいて、その中へ入れる。木製の磯桶を浮かべたのは、もうずっと以前のことになってしまった。

一回の潜りは、海底で五〇秒ぐらい。それより短い人もいるが息の短い人を小息《こいき》の海女と呼ぶ。海女が海面へ首を出して息を整えるとき、口笛のように音を出すのを磯笛と言うが、誰でもそれをするとは限らない。志島の海女たちは磯笛を吹かない。海上に浮き上がったときの呼吸はどうか、と私が訊いたら、廣岡サナエさんは、志島の海女は、和具や越賀の人らのように、磯笛は吹かんのですわ。あーと大声を出すだけです。このように答えた。

志摩半島とひと口に言うが、細かく見ていくと相異点がある。共通するのは、信仰の面といえよう。海女は今でこそウェットスーツ（ゴム製の黒い上下セパレートの磯着）を着るが、まず無防備で、いわば命がけの仕事だ。命綱があるとはいえ、それが岩に引っかかったり、アラメにからみついて命を落とす人もいる。一分間が生死を分ける。だから、海女の祭りはそのことへの祈りでもある。鳥羽市では、菅島のしろんご祭、国崎の御潜《みかずき》神事、志摩市では、和具大島でくりひろげられる潮かけ祭など、まつりごとは目白押しだ。

青峰信仰もこの地域の特色といえる。志摩半島のシンボルともいうべき青峰山《あおのみねさん》の山上にある、正福寺《しょうふくじ》に参る海女の信仰である。青峰山は海抜三三六メートル、決して高い山とはいえないが、志摩半島では最高の山で、海上からもよく見える。そのため、海上での位置を決める山建てに利用されてきている。海女だけでなく、一般の漁師、また運送業者の信仰も集める。私はかつて四国のある港で、小さな漁船が青峰山正福寺の旗を帆柱につけて、はためかせているのを見たことがある。信者は、志摩だけでないことを知ったのである。このことは、立派な山門のそばに、大阪の廻船問屋が寄進した大きな石灯籠のあることでもわかる。

本尊は、日本でいちばん海女が多い鳥羽市相差町（平成二二年で約一〇〇〇人）の浜へ、鯨に乗って流れついたと伝えられる十一面観音である。旧暦一月一八日の大祭は参詣の人びとでごった返す。大漁旗が境内所狭しと飾られる山の上の海祭りである。

サナヱさんに話して貰った。

「冬の行事の青峰の御船《おふね》祭は欠かせません。海女全員で参ります。石経《いしぎょう》をします。これは、般若心経の字を一字ずつ石に書いて、お寺でそれを供養して貰って、持ち帰って来て、その日、男の人らで海へ投げるんです。そのあと、その年の磯寄り（磯漁のとり決め）を決めます。正福寺で石経をして貰うとき、護摩を焚きます。護摩を焚いたときの消し炭を貰ってきて、火を焚きながら、その炭で額《ひたい》に魔除けの印を書きます。

その前の、一月一一日には、地元の寺でご祈祷があります。そのとき供えた赤飯を、私の所へ貰ってきて、冷凍しておいて、磯の口開け（解禁）の日に、柔らかく蒸し直して、海女が食べます。どの行事も、その年の大漁祈願、無病災息、海上安全と頼みごとは多いんですわ」

こんなことを言って笑った。廣岡里枝さんは、今年一二年の磯をふり返って次のように言う。

「今年は台風が去年ほど来なんだで、五〇日潜きました。以前のことを思うと、とれるものはうんと減りましたで、稼ぎは少ないですわ。アワビが減ったです。そやで金額があがらん。サザエは今年もまあまあとれましたけどな。ときどき多い日があって、そんなときは五、六万、少ないときは一万円ぐらいですで、平均すると二万円ぐらいやろか。組合へ出荷したときの伝票を全部合計せんとわからんですけど、それでも年に一〇〇万円は稼がして貰ろとるんです。私も体の続く限りやります。あしたはどれだけとれるか、幾らの稼ぎになるか、それを思うと楽しみですもん」

海女小屋の前に立つ二人は若々しい限りである。新品種だろうか、掘ったばかりだという、皮の白いサツマイモを袋に入れて、私にくれた。

（二）生涯八、〇〇〇万円を稼いだ

「一八から海に潜って、ずっとだからね。ざっと計算して、一億円は稼いだと思いますよ。こんどの津波のおかげで、この二年、海へは出られないですけどね。海というのは、ありがたいところですよ」

さりげなくこう言ったのは、宮城県石巻市網地島《あじしま》の海女である。

志摩の海女にも負けず劣らずの人がいる。何人もの人がそうなのだろうが、正確に毎日の数字をつかんでいないだけのことだ。ここに一日たりとも欠かすことなく、自分が幾ら稼いだかを、丹念に記録し続けた海女がいる。阿児町志島よりやや南、大王崎灯台や絵描きの町として知られる大王町地区に、その人はいる。仮にHさんとしよう。Hさんは一九六〇年に三二歳であったから、一九二八年生まれということになる。農家の生まれで水産物加工業の家へ嫁に来た。そこで、何年かしたのち、家業を手伝うかたわら、海女をすることを決心する。余分なことをすると家人に言われないために、彼女は一日たりとも欠かさず、とって売ったものを詳細に記録していった。海女一代の貴重な記録である。海女仕事を止めた一九九八（平成一〇）年まで、つまり七〇歳までの三九年間に稼いだ額は八、〇二九万六、一四四円である。アワビが一八・八トン、サザエは八トン余、ウニが二・二トン、ワカメ・ヒジキなど海藻類が三・四トン、これらを合わせての漁獲額が、八、〇〇〇万円余りなのである。

Hさんがアワビを五〇〇キロとるのは、一九八一（昭和五六）年からであり、それは一九九四（平成六）年まで続いている。年齢は五三歳から六六歳まで、決して若くはない。一日平均五万円前後は六四歳前後である。視力が弱り、磯めがねを度付きの潜水めがねに替えてから、一日平均の漁獲高は急増している。

海女の仕事を始めたころは、とったアワビの中で半分が、最も値がよいといわれるクロアワビであったが、平成の時代になって、これが激減している。一九八九（平成元）年で九・八％、次の年は一五％だったが、それ以降はずっと八％前後だ。いかに少なくなったかがわかる。クロアワビは、陸にいちばん近い所、浅い漁場にいる。われわれが陸上から捨てる汚れた水と相関関係があるのではと思う。

しかし、いずれにしても、生涯八、〇〇〇万円を稼いだということは、豊かな海あってのことである。その人の技量ややる気があっての結果だ、といえようが、稼がせてくれる海を目の前に持つことの、ありがたさも否定できない。

生涯、この海女は、三、三九三日潜いた。三九年間の平均労働日は、年八七日である。稼いだ金は別段として家業とは切り離していた。正確な実績を残したことについては、誰も文句のつけようがなかった。この人は三人の子を授かった。三人を立派に育てあげ、それぞれが大学入試に合格したとき、入学祝いとして自動車を贈ったらしい。

（注）（二）は、雄山閣刊『民具と民俗』の中の「潜水漁の諸相―加齢と熟練」（小島孝夫）を参考とし、また、二〇一二年一〇月二九日、三重大学の「海女研究会」での小島孝夫さんの発表に基づいてまとめたものである。

六　姉妹二人、とまい船で潜く

二〇一二・一二・八
三重県志摩市志摩町片田
中村清香さん
平賀佐奈美さん

（一）姉妹の海女の話

その日は西の空に雲がちぎれ、海から吹きあげる風が体を縮めた。志摩町片田の大野浜がゆるく孤を描いている。それを左手に眺めて、町の中心部から麦崎の灯台へ行く道をめざした。訪ねる小屋は途中にあった。海女小屋とわかる小さな棟が幾つか並んでいる。広い庭のある小屋に姉妹の海女が待っていてくれた。中村清香さんと平賀佐奈美さんである。

道案内は隣町の伊藤芳正さんである。伊勢志摩国立公園自然ふれあい推進協議会の事務局長である。母親（伊藤トモ子さん・第二章七参照）も海女である。写真家の北井誠也さんがいっしょである。三人が爐を囲んで座った。

海女小屋は四、五〇年は使ったと思われる古い小屋である。裸電球が一つ。爐は昔風のいろりの上に、丸い油のタンクを再利用してかまどに作り直してある。薪を折って焚いた。小屋の隅は薪置き場で、ウバメガシの焚きものが積んである。冷い隙間風がしのび込む。ナマコ漁が始まっているので、磯着などが吊されている。小屋は一年中使われている、ときいた。

中村清香さんが姉である。昭和一一年生まれだ、と言う。片田に生まれ、相差の人と結婚したが、生まれ在所へ引っ越して暮らす。片田ではベテランの海女の一人である。妹さんは一〇歳年下の平賀佐奈美さん。お茶を淹《い》れながら、私は若い時分は海女好きやなかったんやけどね、と笑う。

「それでも今は、片田一番の海女さんですやろ」

と軽口をたたいたら、

「もっと上手な海女は幾らでも居《お》るわな」

この返事を受けて、私は出された熱いお茶をすすった。

「きのう、アワビの稚貝を放流しました。七万個撒きました。海女で組織しとる海女組合という任意のグループがあって、その人たちでやります。漁協の指示で禁漁区になっとる磯を潜って、私たち海女が放流します。そのときは地区への奉仕です。その代わり、作業した日当は、稚貝代に廻わすんです。放流は一〇人ぐらいの海女でやりました。

稚貝を袋に入れて潜っていって撒くんやな。玉ねぎを入れるような袋を組合で作ってくれたんやけど、袋の加減が悪いんで、底へ入《い》ってから（海底へ着いてから）、袋の口を開けるうちに息が切

三重県片田の海女小屋で語る海女姉妹
（北井誠也さん提供）

れてしまうんやわな。それではいかん、と言うて、今年はうちのお父さん（旦那）が、ちょっと太い糸で編んだ網で袋を作ってくれたんですわ。それへ稚貝入れて、きのうやったら、使い易《やす》て一時間余りで終わりました。巾着《きんちゃく》のような形をしたのに入れて潜ります。口の紐が開け易いのでか、きのうは楽やったです。底へ着いたら袋の口開けて、岩の割れ目なんかへ、ちょんちょんちょんと種播くように置いていくんです。すぐひっつきますでな（くっつきますよ）。船の上からぱらぱらと撒いとったら、みんな魚につつかれてちょんや（終わりです）」

妹の佐奈美さんはきのうの様子をこのように話した。

「片田は旧志摩町の中では、クロガイのよう育つ、ええ漁場がありますで、和具より水揚金額は多いですわ。和具の方が漁場は広いけど、値の張るクロガイが片田ではようけとれるでね（たくさんとれるから）」

姉の清香さんの話である。佐奈美さんは次のようにも話した。

「みかんの赤い網袋へ入れてやったこともあったけど、網の糸が細いで、使いにくうてな、出すのに難儀したんです。今年は、どの海女も口揃えて、やりよかった、と言いましたわ。二〇袋ばか（ばかり）、お父さんが作ってくれてな」

「私は海女をする以前は真珠養殖の仕事に雇われて行っていました。珠入れの仕事です。子どもができても、真珠の作業員の日当は安かったですで、子ども育てられんということでな、海女の仕事をするようになったんです。

中学出て、真珠の仕事に行って一日の日当が、九〇円でしたわ。昭和二五、六年のころです。磯行《いそい》とたら自由もきくしな（海女の仕事であれば、時間の融通がきく）。海女の仕事なら、ここからすぐ海へ行けますやろ。

珠入れの給料で子守りの払いもできんだですでね。何しとるのやらわからん、と言うてな。初めは、父親といっしょに二人で潜りました。とまいという方法です。私（海女）が潜って、父親（船頭）が船の上で綱を引く、というやり方です。今は、妹の船に乗せて貰《も》ろて海へ行きます。妹の佐奈美の方は、旦那がとまいですから、夫婦でやるわけです。重りを持ってハイカラ入りをするんです。船に滑車がついとって、それを使って綱を引き揚げますで、昔よりは楽になりました。妹の旦那は、姉妹二人を交互に引き揚げるんですわ」

姉の話に続けて妹は次のように語る。

「海へ行って潜るということは、珠入れする前からちょいちょいやりよったけど、私は若いころは、海女の仕事はあまり好きではなかったんです。そやで学校出てすぐから専門にはやらんかったんやけど、やはり、ほかの仕事より、ここでは何というても海女の稼ぎがええでな。私が海女になりたての稽古海女のとき、この姉は片田一《いち》（片田でいちばん稼ぎのある海女）やったんです。毎日一〇万つ、一〇万つ（毎日一〇万円、一〇万円と）稼いたでな。五〇年、六〇年やっとる海女で、一億円ぐらい稼いだ人は、何人もいますわ。この姉でも、ようとれて景気の良かったころには、一、〇〇〇万円楽に稼いだです。そうやろ、姉さん。アワビが四〇も五〇もとれたとき、そんなときは大漁祝いというて、いろいろなもの貰ろたな」

姉妹だから話に遠慮がない。古い海女小屋に元気な声が絶えなかった。小屋のことを訊いたら、

「この小屋を使ことる海女が亡《の》うなったんで、ここいらんようになった。そこを私らが買うたんやわな」

と姉が言う。それに妹が続けた。

「こんなぼろ小屋でも、火焚いて身温《からだぬく》とめるのには上等やでな。土地は地下《じげ》のもんですわ。今は市有地いうんやろか。市役所へ言うたら、まあ、そこはほどほどに使えばええやないか、と言うてくれています。見て見やんふりしてくれとるんですわ。使わんようになったら、更地にしてくれ、と言われとるんです。この小屋だけやんな、サッシがあるのは。他のとこなんか見ておくれ、錆付いたトタン屋根の小屋が幾つもありますわ」

このように話しながら、佐奈美さんは薪をくべた。

「古い戸を立て掛けて海へ出ていたんですわ。いっとき、子ども等が悪さすることがあって、警察の方から鍵掛けて出よ言われましてな。何も金になるものは置いとらんでな。悪い者は誰も住んどらん所やで、私ら開けっ放しや」

姉の清香さんの話に続けて、妹の佐奈美さんが言う。

「最近、都会の人が釣りにやって来ます。ここは立派なトイレが建っとるし、駐車もできるでな。私らが、ここで休んどると、写真撮らせて、と声かけて入って来る人もおるしな。親子づれのと

きなんか、焼いとるサザエを子どもにあげると、親の方が大喜びしてな。にこにこしながら出て行きますわ。サザエが焼けて、ぶつぶつ泡出して、磯の香というんかあの匂いがええのやろ」

隣の小屋は八〇歳を超えた海女一人が使っている。爐も昔の型で、冬は使わないためか、灰も取り払って、物置きのような感じであった。鍵はかかっていない。

海女が潜く方法は、志摩地方ではどこでもほぼ三通りに分けられるが、呼び名が地区によって違う。片田では、男女一組が漁をする、昔からの伝統漁法も二通りあり、その一つがハイカラといわれる方法である。これは、海女が重りを持ち、命綱をつけて船に備えつけてある滑車を使って潜って行き、これを海女たちは往きと言っている。海底で仕事をして帰るときは、自分の力だけで海上に上がってくるやり方である。重りは船の上の船頭が滑車を使って引き揚げる。他は、一本引きといい、これは帰りも体を綱で引き揚げてもらう潜き方だ。きょう会った姉妹は、ハイカラ入りだが、一人の船頭が二人の綱を引く。身内だからできることで、普通は一対一である。今、片田でハイカラ入りをしている組は、四、五軒ぐらいだ、と聞いた。夫婦でしか組まないというのが通説であったが、実際はそうでもないらしい。平賀佐奈美さんは次のように話す。

「男と女は、夫婦の場合もあるし、父親と娘、さらに他人同士の場合もある。いろいろな組み合わせがあるんです」

中村清香さんは他人と組んだことがあると語った。

「私は他人と行《い》とった（行っていた）。その場合は船頭にその日の水揚高の二割五分を払いました。一本引きは、半々やというぐらいやけどな」

「そげん言うけどさ、夫婦の場合は、お父さんが稼いだのをみんなつかんでな、私らにくれませんがな。そやけど、岩場のある、ええ漁場へ連れてくれるのは、お父さんやでな」

これは佐奈美さんの言。

そのほか、舟人《ふなど》の桶人《おけど》というのがあり、これは何人かの海女が一隻の漁船に乗り合わせて漁場へ行く方法である。船頭をとまいさんといい、海女たちはその日の稼ぎ高の一割五分を払う。さらにもう一つの方法が、陸から泳いで行く海女、これを徒人《かちど》の桶人と呼ぶ。

桶人といわれる海女たちは、船人であれ徒人であれ、腰に鉛をつける。重りである。一個約一キロの鉛のかたまりを九つほど腰に巻きつける。一秒でも早く目的の所へと急ぐための知恵といえよう。

中村清香さんは、昔は船にも火場があった、と古い記憶を話してくれた。

「昔は船にも爐があって、薪焚いて体あぶったんですけど、このごろは船足が早ようなったで、その必要はのうなったですわ。ウェットスーツを着るようになって、それまでの磯着だけのころよりは、体も冷えんしな。爐があったのは漕ぎ船の時までやろな」

妹の佐奈美さんにも若いころの思い出がある。次のように言う。

「昭和四〇年ぐらいから海女やりました。初めのうちは徒人やったんです。その時分、堤防が破れて穴があいとるところがあって、そこへ入ってね。アワビとったら片足あげてぴちゃぴちゃやる。連れの人に体を引き出して貰う。こんなことをお互いが、交互にやって、アワビをようけとったことがありましたな。

ちょうどその時、外人が上から見とってね、通訳の人が、あなた上手だねと言うとるよ、と教えてくれたですわ。私が足を片っぽあげるのが珍しかったんですやろ。そのころは、クロガイもようとれたでね」

「私なんかも若いころは、今の男の人らのように岩の穴の奥の方まで入って行って、上向くようにして、アワビをいっぱいとったこともあったけど、今は、息も短くなったしな。あのころのような、大っきいアワビをもう一度とりたいですわ」

この姉の話に、妹は、

「サザエはおるけどな」

と相槌を打つ。

「この妹《こ》は、いつもサザエを五〇キロはとります。いつかのときは、一日に一〇〇キロとったことがあった。三日続きでね。そんなときはアワビもとれてね。二キロとか三キロとったです。やっぱし、海女はアワビをとってこそ、本当の海女やんな」

「私の旦那が、私がアワビとらんと恐るんです。とまいさんとすれば、とったものを漁協へ持って行って、どうや何がとれたと訊かれるとき、アワビが多いと自慢できるんやね。やっぱしね、アワビ一〇個では、サザエ三〇キロあっても、何《なん》やこれ、と言われるんですわ。とにかくアワビがようけの方が、とまいさんにすれば、自慢できるんですよ。

私は父親に、どんと下へ行ったら、何でもええで、組合へ持って行けるものをとれ、アワビにこだわっとると、探しとるうちに息が切れる、そんなに教えられましたな。そやで、ハイカラ置いたとき（重りを海底に置いたとき）、そこにアワビが見えとったらアワビをとる。アワビがなければサザエをとる。たった一分の勝負やでな。

一〇年の年齢差は争えない。今は妹の方が漁獲高は多いようだ。片田の海はトコブシも多い。姉さんが言う。

「この夏に一日で十何キロとった人もいたな。岩の割れ目とか、石を引っくり返すとおりますわ。少のうなったと言うけど、片田はまだとれる」

次は昔のなつかしいアワビの思い出である。

「干したアワビをよう食べたですわ。傷になったのを貝殻からはずして、金網の上に新聞紙を敷いて、その上に並べて天日に干してな。海へ行って潮浴びてきて（水泳をしてきて）腹へっても、食べるもんがないやろ、そんなとき、下から棒で網つつくんや。穴開けて、下へ落として食べたですわ」

訪ねた日は土曜日であったので、海女さんたちはナマコとりを休んでいた。ナマコ漁の口開けは一一月一二日で、黒ナマコと青ナマコを英虞湾の入江でとった。一二月一〇日から前の磯で赤ナマコをとる。

「去年（二〇一〇）は金になりました。黒ナマコが一キロ当たり、いい時で一、一〇〇円しましたでね。今は五〇〇円、二年ぐらい良かった。夏の海女漁より良かったですわ。黒ナマコを三〇キロとった日がありました。

それ聞いてか、海士が大勢来てな。あの人らは漁場を荒すんですわ。ナマコとりのときは、網を持って入ってはいかんことになっとるんです。道具なしで手で拾うのが、この海の決まり、それを海士らは網持って入る。それを見たで、私は言ってやったんですよ。決まりを守ろやないか、とね。私らは、オクジといってな、あの針の長い毒のあるガンガゼ、あれの横にナマコがおっても、道具持たんととっとるんやのに、棒も持たんととっとるのに、と言うたったんです（言ってやりました）。決めを守らん人が多《おう》なってきましたな。男の人は力もあるしな。決めを破るのは、いつも男の方からやでね。そやけど、決めを守っていくことが、磯を守ることになるんやでね」

片田でも男が潜る、つまり海士といわれる人たちが増えてきている。みんなの力で海を守るという自覚がないと、沿岸漁場は荒れるばかりだ。姉妹の海女は、言外にそれを訴えていた。

麦崎の漁場を見るため、佐奈美さんといっしょに灯台の下の崖に立った。北井さんが西風に吹かれながら話す佐奈美さんを写す。

「私、写されるの嫌いやんな」

とうつ向き加減に笑っている。

（二）麦崎に立つ

麦崎には、長塚節の歌碑が建っている。見事な筆跡で彫られている。

麦崎のあられ松原そがひみに
きの国やまに船はへむかふ

「麦崎の荒磯松原を後ろの方向にして、私の乗る船は、紀の国熊野へ向っているのだ」こんな歌意だろうと思いながら読む。

冬の日はすでに西に傾いている。冬日を背に受けて立つ佐奈美さんを、北井さんは逆光でうまく撮ってくれた。西日がきらきらとひとすじ海面を輝かせていた。

節の一首より、私は坪野哲久《つぼのてっきゅう》の一首を思いうかべた。

母のくににかへり来しかなや炎々と
冬濤《ふゆなみ》圧《お》して太陽没《しづ》む

その日、冬波を圧し込むようにして、私の生まれ在所の方角の山に沈む夕陽を望んだ。足元には、キノクニシオギクとアゼトウナが、お互い黄色い花を咲き競うかのように海風に揺れている。岩だけの崖にも、それなりの冬の風情があった。沖をタンカーが二隻、ゆっくりと航海して行った。

「あの船がもうちょっとこちらの方を航海して行くと、潜っているときなんかだと、どんどんというエンジンの音が耳に響きますわ。それよりもゴムボート、あれがいかんのです。私らが潜っとる上を走って行きますでね。どうっというすごい音がするんです。その上、浮かしてあるスカリの網を破って行ってな。そんなん知らん顔して走って行きますわ」

見上げれば、真っ白い麦崎灯台が中空を貫いて、美しかった。

七　イセエビをつかむ海女

二〇一二・一一・一二
三重県志摩市志摩町和具
伊藤トモ子さん
大山五百子さん

（一）海の見える部屋で

お邪魔します、と言って座った茶の間の窓からは、すぐ目の前に、志摩の海女の漁場としてよく知られる、和具大島と小島が隣り合わせて並んでいるのが望まれた。和具の海女伊藤トモ子さんを訪ねて、潜《かず》きのことを聴いた。トモ子さんは昭和一〇年生まれだと言う。元気な声である。その答えに、私と三つ違うだけやがな、と相槌を打てば、もう年とったでな、と笑う。そこへ、近くに住む海女、大山五百子さんが来てくれた。同級生で中学生の時から、いっしょにずっと海女仕事を続けてきた仲間である。

まず、トモ子さんの話。

「私は女三人のきょうだいで、三姉妹のいちばん上、そやで私は婿を取ったんです。この辺では、百姓仕事の多い家やったですわ。田《たあ》もあったしな。畑では、秋、麦播いて、夏はサツマイモ植えてな。サツマイモは今もやっとるけど、最近は、イノシシに食わす方が多い。私の家は田があったんです。親が早よう死んだでな、私が下の妹等の親代わりでした。米は食べるだけはとれたですわ。売れるだけはとれなんだけど、三〇キロ入りの袋で一二〇袋ぐらいとりました。昔風に言うと六〇俵や。百姓仕事して、合い間に海女、若い時からずっと海女ですわ」

大山五百子さんはきょうだいが大勢いた、と笑いながら話してくれる。

「女のきょうだいが七人ありました。その次に男、その子が生まれて、しばらくして父さんが死んでな。私は五女です。きょうだいみんな海女やったけど、上の姉等はちょっとしただけで、ものにならん（海女は駄目だ）と陸へ上がったんですわ。私のすぐ上の姉が上手な海女やったんやけど、三三歳で脳腫瘍で死にました」

二人とも快活に話す。声が大きい。

「海女は声が大きい、と言うけど、どうしても自然とそうなる。耳がやられとるでな。職業病やわ。海女なら誰でも耳やられとる。テレビの音が大っきい大っきい、と息子なんかに言われるけど、しょうないんやわな。

私の場合は右の耳の穴がかぶれて病院へ行ったんよ。その時、かぶれたかさぶたを取るのに、鼓膜が破れてな、耳から血が出て、それから耳が遠いです。血がだぶだぶ出たな。潜くとき粘土しゃあせんと（耳栓をしないと）、底へ着いたころには、耳から入った海水が、鼻の穴からぽたぽた落ちてくるんや。そうなると、磯めがねのガラスが曇って、貝探せんようになるんやわな。痛いことはないんやけど、粘土で両耳を詰めんといかんな」

耳を痛める、鼓膜が破れる、というのは、海女の宿命とは言うものの、それだけ仕事に命をかけてきている証であるといえるのである。秋九月なかば、夏磯が終わると、海女たちは耳の治療に耳鼻科の医院へ押しかける。近くに医者がおらんのでな、とは二人の共通した言葉であった。

「誰でも耳を患うでな。治すのに遠い所《とこ》まで行かんならん。年取ってくるとな、それがえらいし（大変だし）、自動車運転できん者《もん》にはなおさらですわ。

この辺の女は、トモ子さんでもそうやけど、中学校卒業する前から、もう磯へ行ったんですわ。潮引いた浜見ると行きとうなってな。行きとうなってむずむずしてくるんです。そんなときは、先生に届けて行ったですわ。あの子昼から来やへんな（午後の授業を欠席している）、と言うたですわ。どの海女も、見よう見真似で海女の潜き仕事を覚えたんです。上手な先輩の海女といっしょに潜って行って、貝おる場所を教えて貰うというようなことは、せなんだですよ（しなかったですよ）。

他所《よそ》でも同じことやろけど、嫁に行って子ども授かって腹大っきなっても、ずっと海へ行きましたな。わたしの妹が生まれるとき、母さん潜いとって産気づいてな。そのときは父さんと二人で漁しとったで、すぐ帰って来たけど、体が冷えとってな。今のようにウェットスーツのない時代やでね。出てきた赤子も凍《こご》えとって、すぐによう泣かざった（産声をあげることができなかった）、ということを聞いたですわ。そのあと、父さんが死んで、母さんはいちばん上の姉の婿といっしょに二人で潜きの仕事をやりました」

このように五百子さんは語った。次はトモ子さんの話。夢のような思い出と言おうか。

「以前は、桶いっぱいになるのは当たり前やった。一人でよう担がんほどとってな。それが今は、ほとんどおらん。黒とるとダイヤモンド拾ろた、と言いますわ。去年（二〇一一年）は一キロで一万円近い日もあった。今年の夏はもうちょっと安かったようやけど、三、〇〇〇円しても五、

○○○円でも、おらんのではいかんわな。黒は身がかたいで、明鮑にしても身が縮まんでよかったんです。それが一つもおらんでね。眼の高《たっか》いマダカも全然おらんしな」

トモ子さんの話の中の、黒、というのはクロアワビのことである。眼の高い、というのはマダカアワビの殻の呼水孔がぐっと上向いて、他のアワビよりごつごつした感じを、このように表現したのである。トモ子さんはさらに続ける。

「今年は、私《わし》らは二人がいっしょで、船頭さん頼んで沖へ出て潜いたんですわ。とまえというとるわな。船頭さんにはその日の水揚げ高の一割五分を払うんです。それと市場（組合）の歩金が五分、両方で二割払うわけやで、一万円の稼ぎでも八、○○○円の手取りということになります。毎日の日銭稼ぎやで、船頭さんの方からいえば、潜きの上手な海女をよけ（大勢）乗せた方が収入になるんです。船動かすのに油はいるし、その重油も高いで、一割五分払うのも当たり前やな、と言うてますわ。

海女の中にもいろいろおってな、市場へ出荷せんと、直接商人《あきんど》に売る人もあるようやし、民宿の多い地区では、直接、宿へ持ってって売る海女もあったそうやけど、このごろは観光客も減ったでどうなっとるんか。そんなことしてもゆくゆくは自分の首を締めることになる。市場を育てなあかんのやで、決めたことはみんなで守らなあかんわさ。若い海女もちょいちょい増えとるけど、言うことでもすることでも、後輩やという気持はないようや」

鳥羽志摩地域の海女漁の場合、漁撈形態が三通りある。①夫婦など身内が二人一組になって潜るのを、「舟人《ふなど》」という。「ふねど」と呼ぶ人もある。この場合は男が舟の上で海女を見守る。②一人の船頭で（とまえまたはとまいとも）、その人の船に数人から十数人の海女が乗って漁場へ行き、思い思いに潜って貝をとる。この方法を「徒人《かちど》」という。最近は徒人で漁をするのが海女漁の主流となっている。③もう一つの方法が、浜まで自分で出かけて行って、そこから直接磯へ泳いで漁をするやり方で、「浜子《はまこ》」という。舟人、徒人で仕事をしてきた海女で、高齢を理由に浜子になる人も多い※1。以上は和具での言い方である。

志摩市の志摩町には、和具のほか、片田《かただ》、布施田《ふせだ》、越賀《こしか》、御座《ござ》の四地区がある。それぞれ三つの漁撈方法を持っているが、すぐ隣りでも呼び方が違う。所変われば名が違うということか。すなわち、次のように分けられる。

片田　①ハイカラ、一本引き　②船人の桶人、底蹴り　③徒人の桶人※2

布施田　①シッコロ　②サッパ　③桶人

越賀　①舟人　②サッパ　③徒人

御座　①舟人　②サッパ　③徒人※3

「底蹴り」というのは、潜ったあと海面に上がるときはずみをつけるために、岩の上で足を蹴る。海女は息の長い人で五〇秒から一分、短い人では四〇秒ぐらいである。たった一分で海女漁の上手下手が決まるのだ。

和具では、春磯は大体三月一四、五日ぐらいから始まり、九月一四日で終わる。終わる日は毎年変わらないが、始まりはその年によって、二、三日のずれがある。春磯はアワビ、サザエの漁が主である。午前一〇時から一一時までが第一回の潜き、そのあと昼の休憩をして、第二回目が一三時四五分から一時間である。一日の漁撈はそれだけだ。五月からは暖かくなるから三〇分長くなる。一〇月一日から二月末までを冬磯といっている。この期間はアワビ、サザエは禁漁、一二月に入るとナマコとりが始まる。五百子さんは次のように近況を話す。

「ナマコは一二月からです。英虞湾の浦の方でとるな。島の影が多いで、そこでナマコとるんやわな。クロナマコをとるようになりました。アカナマコは値がええけど少ないでな。それほどの稼ぎにもならんのです。クロナマコが金になる時代で、私ら海女は助かっとるんですわ。中国と喧嘩しとっては、クロナマコも買うて貰えんかもわからんけど、中国料理にはどうしてもいる食材やでね。こんなこと言うてとっとるんです」

「クロナマコをとり始めて五年ぐらいになるやろか。それがクロナマコもだんだん減ってきたと言うとるんですわ。それでもほかにとるものがないで、今年も行くやろけど、真珠養殖が減っ

※1※3「志摩に息づく伝統漁法—志摩の海女とアワビ漁」伊勢志摩国立公園自然ふれあい推進協議会の資料による。
※②　二〇一二・一二・八の片田でのきき取りによる。

たで、筏の下におったのが少のうなった。以前は三つぐらい掻いていくと（三尋ぐらい潜って行くと）、筏の下あたりにはようけ固まっておったんやけどな。黒いでようわかってとりやすいですよ」

たくさんとれたころは、竹の先を足で踏み割って、そこへナマコを挟んでとった、ということも聞いた。次は春磯の話である。五百子さんが言う。

「正月すむとみんなで相談して、今年はいつからやろか、と決めるんです。潮加減を見て大体三月一五日ごろを基準に決めますな。アワビ、サザエをとって、それが九月一四日までやな」

「初めの時期はようけとれる。そやけどそんな時は、値が安いわな。今はサザエだけやしな。以前は岩の下にオービがおった。ここではアワビのことをオービと言うんやけど、クロアワビがおったんです。今は一つもおらんでな。シロ（メガイアワビ）は岩の上の方にひっついとる（くっついている）。

昔は手さぐりで、とりよった。動かされる石はひっくり返してとるけど、動かん大っきいのは、手さぐりでとりました。手さぐりでやるけど、下手すると、貝はぴっちりひっついてしもて、そうなると、一回ではもうとれん。ちょっとでも無理すると、身に傷がついたり、貝殻の方が欠けたりする。そんなのは傷貝というて値が安い。

岩のずっと奥の方におることもあるけど、そんな所にはウツボがおる。あれに手咬《か》まれたら、えらいことやでな（大変なことになる）。陸《おか》の人がうらやむほどには金儲けは楽やないわな。命がけですんな。引っくり返した石は必ず元に戻す、これが海女の流儀やと、誰でもが守っとる。男の人らはそれを守らんでいかん」

トモ子さんはこれに続けて、磯のみのことを話してくれた。

「小のみというのがいちばん短い。それよりちょっと長いのが柄《え》のみ、六〇センチぐらいの長いのもあるけど、このごろはクロはおらんでほとんど使わんな。小のみと柄のみは握る部分は木の柄がついとる。ステンレスやで落としても光って探しやすいですわ。名前を鏨《たがね》で彫ってありますで、他《ほか》の海女が拾うと、これあんたのやろと言うて、届けてくれます。

のみは鍛冶屋さんに注文して自分の使い勝手のええのを作って貰うんですわ。鍛冶屋も決っとるしね。越賀の鍛冶屋が仕事が丁寧で、ええのを作ってくれるで、そこへ頼むし、修理もその人ですわ。大きいのみの曲がった先がのびてしもたのを、直して貰うことが多いです。この鍛冶屋さんも、歳やもんで暑いときはようせん、と言うとるようやし、私らもいっしょで、海女ももう終わりや、と言うとるんです。今年は、特にオービがおらんだし、近年にない不漁の年やったですわ」

五百子さんは、

「サザエは一日二〇キロぐらいはとるけどな。アワビはあったりなかったりやな。アワビをとる目的で潜いて行っても、アワビがおらんのでは、一日一文にもならんことになる。そやで初めからサザエ目的に入るんですわ。おる場所がちょっと違うでね」

と話を継いだ。

「アワビとサザエは漁場が違うし、トコブシは主に浅いところにおる。深い所にもおることもあるけど、深い場所やとそれだけ体力も使わんならん。浅い場所やったら、ちょこっと入って、上ってまた潜って、ということができる。このあたりは海女も計算ずくや。いかに体力を消耗させんとようけとるか、という頭の回転、気働きが大事やわさ。

鳴神島、あのあたりに大っきいええオービがおったのに、今は海藻が生えとらん。磯焼けというんか、生えものが全然ないでな。オービとるときは、驚《おど》かしてはいかん、波立てんように静かに潜って行ってな。ちょっとでも波立てると、ぴったりひっついてしもて、もうとれん。オービがおらんで、このごろ手さぐりもしたことない。とり方忘れてしもたぐらいですわ」

トモ子さんはこのよういない笑いながら話した。五百子さんも笑った。そしてトモ子さんの特技を言った。

㈡「えび引き」の話

伊藤トモ子さんは、イセエビを手でつかんでとる名人のひとりである。この漁（技術というべきか）を、えびつかみとはいわず、「えび引き」と呼ぶのだそうだ。

トモ子さんは次のように語る。

「えび引き、といいます。二本の歯のあるひし(やすともいわれる)を持って岩の方へ潜って行ってな。先が二本の長い歯に分かれとるんですわ。昔の海女が使ったのは、柄が短かかったんですけど、私はそれを改良して長い柄のを作って貰《もろ》て、それを使こてます。

ひしの二本の歯でイセエビを挟むんではなくて追い出すんやな。ひしの先をイセエビの体の脇へ、すっと差し込む。そうするとイセエビが驚ろいて、跳び出すとき、さっと手でつかむ、というやり方ですわ。言うのは、これだけやけど、つかむ呼吸がわかるまでには五年はかかる。一年や二年そこらでは、上手になるもんやないな。

イセエビ見つけたけど、息が切れる、そんなときは一度上へあがって息整えて潜って行きます。二回目潜って行っても、イセエビはもう奥へすっ込んでしもて、おらんときが多いです。イセエビは岩の割れ目なんかにすっこんどる（かくれている）、角《つの》の方が外へ出とる。つかもうとしても、角に棘があるで、それに軍手が引っ掛かって、なかなか難しいんですわ。イセエビの体の向こう側までひしを差し込んで追い出す。いったんはイセエビはそろっとちょっとだけ、前へ出てきますわ。その瞬間を見逃してはいかんのです。そのあと、すぐに奥へ入っていく。一瞬の呼吸を読み取るの

三重県和具の海女
─イセエビをつかむ名人とその道具（ひし）

海女小屋近くの港ー和具

が難しい。イセエビの入っとる穴が大きいと、ひしを当てた反対側へ逃げてしまうしな。おる場所には固まっておる。どっさりおるわな。角がみんなこっちゃ向いとるやろ、枯木の林のような感じやな。

　誰でも欲があるで、とるのなら大っきいのをとねらう。そうすると、ひしがうまく入らんしな。固まっておるときには、いちばん前に、代わり（脱皮したすぐのイセエビのこと）の柔らかいのがおるな。このごろ幻のえびというて、レストランなんかで食べさせるようやけど、あれなんか殻が代わったあとの脱皮してすぐのえびやで、食べやすいだけのことさ。

　イセエビ漁の秋の磯は一回の潜きやけど、三時間やっとる。腰の重りでもう泳げんぐらいに疲れるんです。あちこち、自分の思う場所で潜いとるで、三時間ずっとやってても、ほかの海女の顔見たことない。六人か七人ぐらい、とまいで行ってやるんです。秋の日は一時まわると、夕影立つような感じになっ

和具の海女（浜子）小屋

てくるしな。一〇時から一時までの仕事です。二時の入札に間に合わさんならんからね。こんなに苦労してつかんでも、海女のとったイセエビは網掛けでとったのより、一キロで五〇〇円安い。死にやすいというけどそんなもんやろか。もうちょっと若かったらまた、行きたいけどな。オービはおらんけど、イセエビはおる。

和具の磯は広いでな。おかげでずっと仕事さして貰ろたんです。何というても磯を荒らしてはいかんのですわ」

えび引きの漁を、トモ子さんは四年ほど休んでいると語る。それでも、窓から海を眺める顔はおだやかであった。

えび引きのときの道具、二本びしを見せてほしい、と頼んだ。四年休んでいたので倉庫に置いてある、と言って、私をそこまで案内してくれる。アワビをとるのみも三種類持ち出して並べた。

海女小屋を見た。新しく建てられていて、さすがと驚く。立派な建物である。これが海女小屋だと、教えて貰わなければわからない。昔のような小さな小屋ではない。長い倉庫風の建築物が幾つかに間仕切りされていて、一つずつを何人かで使う。そこから少し離れた場所には、一人で浜まで出かける浜子の小屋が何軒か建ち並んでいる。きのうの波でちぎれたアラメが道路をふさぐように干されていた。和具はアラメ刈りをしない。浜へ流れ寄ったのを拾って干す。小屋の前には暖をとる焚火の薪が山積みされている。ウバメガシや松の幹である。薪の山に秋の日が当たって、そこだけが明るかった。

八　本州西の果てで

山口県長門市油谷向津久下
二〇一三・四・二三
河本トミ子さん
島寿一明さん
島寿和江さん

（一）西の果ての向津久の海女

山陰本線長門市駅を朝七時五二分に出る小串《おぐし》ゆきの電車は一輌であった。乗客はまばらである。雨が降った。三つ目の駅が人丸《ひとまる》、そこで降りた。無人の駅は私ひとりであった。

誰もいない駅頭で人を待った。山口県漁協大浦支店長河本浩彦さんを待った（ちなみに、山口県は漁協合併がすすみ、全県一漁協で本店は下関市に、各拠点地区に支店がある）。

大浦は本州西の果ての海女集落といってよい所。平成の市町村合併で長門市の一部となったが、それまでは油谷町《ゆやちょう》であった。約束の時刻に河本さんは来て下さり、初対面の挨拶もそこそこに、迎えの自動車に身を任せた。

油谷大橋を渡った。海岸沿いの道をしばらく走る。左手は油谷湾である。波静かであった。眼前の手長島は手の届く距離にあり、美しい姿で赤屋ケ鼻と向き合っている。岸辺の道が尽きる西の果てに、大浦の町があった。道路をはさんで魚市場と事務所があり、近くに立つバス停留所の標識には、向津久下と書かれていた。むかつくしも、と読む。

支店の、元漁協長室を借りて話を聞くことができた。年とった海女がひとり、ソファーに腰をおろして私を待っていた。その人は、支店長の母親であった。河本トミ子さんである。一九三二（昭和七）年生まれだ、と言う。

「三月生まれだから、小学校へ入ったのは、あなたより一年早い。あの頃はあまり勉強もしないでね。勤労奉仕に行った。この近くに飛行場があってね。そこへ行ったですよ。物がない時代でね。いちばん悪い時にね、育ったんだ。勉強するのにも帳面（ノートのこと）なかったもんね。学校おりてすぐ海女しました。あちこち出稼ぎに行ったですよ。ウニとりに行ったね。四国へも行きゃあね（いきましたね）。対馬へも行ったよ。五島列島へも行った。あれこれ行ったね。ウニのほかにはサザエをとった。雇われて行ったんだよ。

二八歳のとき、結婚しました。当時としては遅い方だね。その代わり、家の暮らしの助けはしたからね。役に立ったよね。七人きょうだいで、今、二人残っちょる」

トミ子さんは、海女の仕事を続けたためか、耳が遠い。とんちんかんな返事になり勝ちだ、と嘆く。八一歳、それでも現役の海女である。

そのとき、

「遠い所までお越し下さって、お疲れさまでございます」

このように言いながら、島寿《しまず》さん夫妻が入って来た。一明《かずあき》さんと海女の和江さん夫妻である。生まれは何年でしょう、と訊けば、

「私が昭和一三年、家内は一つ歳下の一四年生まれです」

と、一明さんが言われ、すぐ和江さんの話に入る。横でトミ子さんが耳を傾ける。

「大浦で生まれてずっとここですよ。町へ出て会社勤めなどはせずに、海女になって、その仕

事ひとすじです。私たちが中学卒業する頃は、まだ大浦では、女の子が生まれると、海女になって家の稼ぎをするということで、お祝いをしたもんですよ。

ここでは、鑑札というのがあってね。海女であるという身分証明か、海女漁ができるという許可証のようなものですね。私は二〇六番の鑑札を貰っています。でも、二〇五番までの番号の人が全部いるわけじゃないから、実際、現役は七、八〇人ぐらいですよ。男の人、海士は、八人ぐらいですね。

海女といっても、陸《おか》どり専門という人もいますからね。この人たちの中には、潜らないで、磯を覗いて貝などをとる人もいるしね。私らより、若い人も何人かいるけど少ないです」

「年上はおらん」

このように言うのは、横にいるトミ子さんである。私が大浦での最年長の海女ということであろうか。

お茶が出た。四人で呑む。雨が止んだ。

一明さんが漁の様子を話す。

「海女ひとりが乗って行きます。五、六人が一つの船に乗り合わせていく場合もあります。この人たちは、浮き輪で潜りますよ」

次は妻の和江さんの説明である。

「私らは夫婦船、旦那が船頭で、私が海女、一対一で漁に出ます。分銅《ふんどう》海女といわれていますね。分銅は一〇キロあるから重いですよ。分銅海女は鉛を腰に巻かないです。分銅は円筒型で紐につけて、それが沈む力を利用して潜ります。海底へ届いたら、置き放しにしておいて、あちこち、アワビのいるところを探してね。私は、息の長さは六〇秒ぐらいです。四〇秒ぐらいの短い人もいますよ。潜って行っても、漁場が悪い場合はすぐあがりますね。分銅は船の上の船頭がたくし上げます」

次は、船頭役の一明さんの話である。

「ここは午前中三時間潜りますからね。長く息をつめてやっていると、体にきく（障る）から、一回の潜水を短くしていますよ。私は家内の海女の仕事を手伝うようになって、まだ一四年ぐらいだから、経験が浅い。それまでは宇部興産の船に乗っていました。だから山建てして漁場を決めることはできないんですね。時折り、貝の少ない漁場なんかへ行ったりすると、こんな悪い漁場へつれてきて、と家内が小言貰うことがありますよ」

山建てとは、船から対岸の山を見て、漁場を決めることである。このことについて、渋澤敬三は「帆影七里」[※1]と題する随筆の中で、次のように述べている。

人々がせまい海岸に居をかまえ、アワビをとり、コンブを刈ったり拾ったり、また塩を焼い

※1　※①『渋澤敬三著作集』第三巻　平凡社刊　一九九二・一〇・六

ていた時間も相当永くつづいたであろうが、船の構造が沖へ乗り出すに耐えるほどに進歩してくると、沖へ沖へと漁場を求めるようになるのが自然である。こうした時、陸地の山々がまず何よりの目じるしであり、それらによって距離や位置を測定した。—中略—かかる山や岬を主として、その他の目じるしなどを補助目標にして三角測量して、海岸からの距離をはかり位置を見定める。これを山アテなどというところが多い。—中略—巧者なものは山アテをにらんで、一尺と位置をずらすことがない。

大浦の海女漁は六月一日が解禁である。終わりは一〇月三一日だ。

「主にアワビとサザエです。そのほかに、アカウニ、びん詰めにするバフンウニ、これらをとりますけど、アワビは急に減ってきていますよ。昔は、一個一キロ二〇〇ぐらいのをとった人が何人もいたといいますのにね。

冬は一二月押しつまってから一日だけナマコとりをします。ここはアオナマコです。中国で珍重されるのか、クロナマコを網でとるようになりましたね。

ほかに四月に、この向こうの川尻と入会い※2になっている漁場で海女漁をします。やはり、アワビ、ウニが主ですね。大浦は農地はほとんどないくらいといっていい所ですから、畑仕事はしないです。ここの男は大半が漁師、一本釣りが主体、イサキ、マダイなどを釣ります。何でも釣れるいい漁場ですよ。日本海波高しだけど、いい漁場に恵まれています。

船頭さんたちが集まって、行くか行かないかを決めてね。七時に決めます。九時から潜るから、それまでに思い思いに船を出して、その日漁をしてよい漁場へ行って待っています。九時にドボン、そして三時間ですよ。トミ子さんもご主人といっしょ、夫婦船です。

私の稼ぎは、一年の漁で大体二〇〇万円ぐらい、それが普通でね。いい年は三〇〇万円ぐらいありました。これだって、二人合わせての稼ぎですから、それほどでもないんです。主人の船員保険の年金があるから、私らはまだ幸せな方」

このように和江さんが言えば、トミ子さんも、アワビがよくとれた頃を思い出して話す。

「私なんかも和江さんぐらいの歳の時分にはたくさんとった。昼までで、アワビを籠にいっぱいとったときがあった。潜っていくと岩にアワビがずらっと並んでいたからね」

「五ヵ月で三〇日ぐらいの操業ですよ。それほど潜れる日はないんです。アワビもいいときは一キロ当たり一万円のときもありますからね。でも、アワビはすごく減ったですよ。

減ったといっても、アワビをとってこそ、海女なんだから、それがここでは分銅海女といわれる七〇人の女たちなんですね」

島寿一明さんは漁協の経営にも関係している。だから話される一つひとつに説得力がある。

※2　ここでは、決められた漁場の共同利用をすること。特定の漁場に限り、アワビやサザエなどを大浦と川尻の漁業者が採捕できることをいう。

「大浦漁協の頃、アワビの水揚げだけで一億五、〇〇〇万円あった。山口県下のトップクラスだったんだけど、今は五、〇〇〇万円そこそこですよ。資源の枯渇だけでなしに、海女も歳とったからね。体力的に低下しているから、以前とは漁獲量が違いますよ。うちの家内なんか、去年の秋に一日二〇キロのアワビをとった日があったけど、たまたまのことでね。サザエはあまりとらないですよ。値段が違うからね。マタが多いけどこれは安い。メンと同じですよ。クロの大きいのは陸の近くでね」

マタとはマダカアワビのことであり、メンというのは、メガイアワビのこと。クロはクロアワビでいちばん岸に近い漁場にいる。大浦は大きなクロアワビのとれる漁場に恵まれていた。

大浦でマタというマダカアワビは、殻長は二四、五センチにもなる。アワビ類では最大、クロアワビより少し味は劣るが、それでも美味。深い所に生息している。メン、つまりメガイアワビは殻長は一七、八センチぐらいまで、身は白っぽくそのためシロまたはアカと呼ばれ、値段はクロやマダカより安い。クロアワビは黒味がかった身で、アワビの王様というより、貝の王様といってよいほどの高級品である。海の中のダイヤモンドである。不思議にもこのダイヤは水深のいちばん浅い海域にいる。激減しているのがクロアワビである。生息域は人間の暮らしの垢である、つまり、生活排水などを真っ先に受ける所といえる。この視点を見失わないことだ。

大浦の磯が、クロアワビの宝庫であったあかしを、部屋のテーブルの下の棚で見た。一個一キロは優に超えたと思われるアワビの見事な貝殻が並べられ、艶やかな光を放っていた。トミ子さんがその一つを手に取って、これなら一キロ二〇〇はあった、と言う。いちばん小さいのを選んで、これはメンだとひとり言のように呟いた。

一明さんの話に続けて、和江さんは次のように説明する。

「昼前は三時間の潜りで、一時間休んで午後二時から四時までが午後の仕事です。クロアワビは大きい岩の所じゃないととれんしね。アワビを起こすのみは一挺です。こがねという小さいのみを船の上に置いていますね。これはステンレス製が多いけど、大きいのは鋼ですね。ここの海女は、おおがね、と言います」

山口県大浦向津久下の海女

資源の枯渇を防ぐため、人工飼育したアワビの稚貝を磯へ放流することは、日本の漁場では、もれなく行われている。大浦では、毎年五万個の稚貝を放流する。殻長三センチ、空豆ぐらいの大きさで一個九〇円、四五〇万円の購入費の半分は市の予算、あと半分を漁協と関係海女の協力金で充当される。ほとんどの所が都道府県が運営する栽培技術センター（名称は都道府県によって違う）などで購入する。

稚貝を船の上から投げるのは、魚に餌を与えるようなもの。これはいけない。大浦では、ダイバーを雇い、磯へ置いてくる方法で続けられている。ウニの場合は種苗を籠に入れて、海底まで、吊り下げてから籠を引っくり返して、稚ウニを播くやり方だそうだ。

大浦を出て他の町へ出稼ぎに行ったことはなかったか、と尋ねた。和江さんは真っ先に長崎と答えた。そして、次つぎに地名が出た。

「長崎ですね。壱岐島です。それから佐賀の呼子、島根県の隠岐、鹿児島県へも行きました。志布志湾で海女の仕事しましたね。みんなどこでもウニとりでした」

「私も行っちょる」

河本トミ子さんも相槌を打つ。トミ子さんは鼓膜が破れていて、難聴である。海女の宿命である。

「鼓膜が破れて人の話が聞き取りにくくてね。今は潜るときはつばつけるだけだけどね。両手の人差し指につばつけて耳を濡らすんだけど、昔はね、ツワブキの葉を火であぶって、それを揉んで玉にして、耳の穴をふさいだけど、今はしない。粘土は使わないです。ツワブキの葉をもんだのを、耳玉といったね」

和江さんは海に入るのは大丈夫だ、と語る。

「私は中耳炎もしていないし、耳栓しないですよ。海に入るのは大丈夫ですよ。最近、街の医者では、孔のあいた耳栓を出してくれるようです。目はよく見えます。視力は一・二と一・五ですから」

「私も目は大丈夫。私しゃね、今でも針のめどに糸通すのにも眼鏡掛けゃせん」

トミ子さんはこのように言って笑った。

漁村の女性からの聴き書きを始めた最初の年、もう二五年も前になろうとしているが、長門市仙崎を訪ねたことがあった。長門市の教育委員会の職員であった人の親切に甘えたのだが、立石という漁村に海女がいるから案内しようと、自動車を走らせてくれた。そこは棚田のある農村といった静かな所であった。訪ねた人には、棚田の畦道で会った。肥たごを荷って家へ帰る途中であった。汚れたままだけど、それで良かったら、家へいきましょうと案内され、玄関先に腰をおろして話を聴いた。そのときの話題の中に、カジメの味噌漬けがあった。そのことを二人に話した。島寿和江さんが言う。

「このあたりでは、カジメは刈らずに流れてくるのを拾って、それやりますよ。干して、乾いたのをもう一回海水で洗ってね。そのあと味噌に漬けるんです」

カジメをくるくると巻いて漬ける、と立石の人は言っていたが、と言うと、

「ここでもくるくると巻いて、丸くして漬けますよ」

このような返事であった。

「ワカメの筋（中央部の太い幹状の部分）を刻んで、それを網袋に入れて、これも味噌に漬けますしね。ほとんど自家用ですよ。ほかに、漬け物ではないけど、ワカメの葉のやわらかい部分を細かく刻んで、それをご飯のふりかけにしたり、おにぎりにまぶしたりする食べた方を考え出しましてね。大浦の特産になっています。乾かさないで、しっとりとしたままビニールの袋に入

油谷町といわれたころの川尻岬の案内板
（1989 年夏）

れて、冷蔵庫で保存しておけばいいの。熱いご飯にかけると、刻んだワカメがさっと緑色に変わってね。磯の香がご飯を一層おいしくします。お帰りのとき、少しだけど差し上げますから、鞄へ入れてって下さい。

漁場は日本海の荒波が押し寄せます。海岸にごみが流れ着きましてね。ごみ一斉清掃を、毎年やっています。今年も五月一二日の日曜日にやります。第六回目ですよ。今年は三〇〇人ぐらいのボランティアを期待していますけど、どうなりますかね。この先、少し西へ行くと油谷島へつながる細くせばまった所があります。そこの外側の浜のごみを拾います」

「ビーチクリーン大作戦」というちらしを見せて貰った。日本中の海がごみ問題をかかえているのである。

「ここから北へ山を越えていくと、川尻岬ですよね。私は、立石へ来たとき、あそこまで案内して貰いましてね。粗末な丸い看板があったのを覚えていますよ。本州最西北端、川尻岬と横に書かれていました。案内して下さった人が、私を横に立たせて写真を撮ってくれたのを、今も記憶しています。現在は、もっと整備されて良くなっているんでしょうけどね」

こんな話をしているうちに、いつの間にトミ子さんは帰ったのだろうか、すでに姿はなく、別れの挨拶ができなかった。

大浦の向徳寺で見つけた九州鐘崎の海女の墓

(二) 鐘崎の海女の墓に参る

大浦の海女は九州鐘崎をルーツとするといわれる。そのことを言えば、一明さんは、

「鐘崎は漁場が狭いから、こちらへ出稼ぎの形で来ていたのではないかな。この先のお寺に、鐘崎の人たちの墓だといわれている墓石がかたまって残っていますよ」

私は墓を訪ねて帰るつもりでやって来た。支店長は寺まで案内しようと促す。そこにはバス停があり、坂の上に見事な甍の屋根を見た。向徳寺という。曹洞宗永平寺派の寺である。

墓石は、檀家の墓石が美しく並ぶ上の、草むらの中で、大小約三〇基ほどが、やや無雑作な感じで、時を刻んでいる。墓石の一つには、天保十二年の文字が読めるのがある。瑞相妙巖大姉と彫られた墓の側面には、鐘崎久エ門妻とあるが、海女の名、つまり俗名何々がなかった。何々信女というのもある。鐘崎久兵衛母と読める一基もあった。鐘崎吉助、鐘崎惣介など、すべてが鐘崎で始まる名前が残る。鐘崎は苗字ではなく、北九州鐘崎から大浦へ漁に来た誰々の、というように理解するのは、飛躍だろうか。それにしても海女たちの名前がないのが悲しい。女性の地位の低かった時代の、これは一つの例証といえるのではないか。江戸時代末期とはいえ、六〇歳で異郷の海で死んだ何人かの女性たちがいたのである。女たちの嘆きをいたわるように、野アザミの花が咲いている。その草むらの中で、しばし私は立ち尽くした。

「山口の海女は、昔は海女士《あまし》といわれて、武士と同格だったらしいですよ。アワビをとることで一目《いちもく》おかれていたのでしょう。毛利のお殿様の前に出るときなど、遊女のように帯を前結びにしたといいますからね」

大姉や信女の墓とこの言い伝えの差、これも歴史の一面といえようか。

向徳寺は六月になると、無数のアジサイの花々で飾られる。大小、色とりどりの花の毬が大勢の人を呼ぶ。本堂の前には、建ったばかりと思われる豪壮な山門が、芽吹いたばかりの木々の若葉の中で偉容を誇っていた。

山門を寄進したという女性に出くわした。全くの偶然であった。亡くなった連れ合いの墓参りだと言う。山門の建築費用は一、〇〇〇万円を超えたらしい。横に小さな石碑があり、寄進者夫婦の名が刻まれている。この女性は七〇歳ぐらい。七、八年前まで、海女をつれて各地へ渡り、ウニ漁をしたと語る。

「もう七、八年は行かない。隠岐の海士町《あままち》に家があったんだけどね。二軒あった。あちこちの漁場へ行ったですよ。隠岐、福井の大飯、その次が石川の能登島、佐渡へも行った。小木へね。たらい舟のある所ですよ。ウニをとったの。知夫里島とかね。西ノ島の浦郷が本拠地でね。その後すぐ東の海士町へ行って家を建てたの。四七年住みました。儲かったです。そう言っても、この山門一つだけだけどね」

「じゃ、あなたは向こうで海女さんたちの賄いなんかをやったの」

このように問えば、

「賄いは、その土地の人を雇うんですよ。私はもっぱら販売係。忙しかったけど、生きがいだった。身を惜しまず働いたからね、今、こんなにして平安に暮らせるんですよ」

女性は男まさりの性格のようであった。写真機を向けたら、山門だけを撮りなさいよ、とアジサイの繁みに隠れた。珍しい人の出会いであった。バス到着の時刻が迫る。女性は本堂へ入った。それを見送って別れた。坂道を下った。道の向こうにダンチクがゆれていた。

大浦の向徳寺山門で

バスが来た。長門市ゆきである。車内は私ひとりが客であった。どの停留所にも乗客はおらず、人丸駅前までずっとひとりであった。人丸駅で電車に乗り換えた。ここでも私ひとりであった。プラットホームに金子みすずの詩を書いた立札と、詩の情景と思われる絵が描かれている立看板があった。トビウオが左に向かって泳いでいる絵であった。詩は、「お魚の春」と題する一編。

わかいもづくの芽がもえて、
水もみどりになつてきた。

飛び魚小父さん、その空を、
きらつとひかつて飛んでたよ。

わかい芽が出た藻のかげで、
ぼくらも鬼ごとはじめよよ。

漢字の文字にはそれぞれ振り仮名がつけられている。電車の中の客も長門市駅までついに私がひとり。どこまでもただひとりの旅であった。

漁船が舫う大浦の街

九　豊後水道波高し

二〇一二・一一・一八〜一九
大分県津久見市長目字無垢島
橋本正八さん
薬師寺春枝さん

二〇一二・一〇・二三
大分県臼杵市深江字泊ヶ内
廣戸正子さん

(一) 海女になってよかった

「ここで行き止まりやね。バスもあるけど、一日四便ですしね」

大分県臼杵の海女に会った。その時の話し始めである。いつものように国土地理院発行の二万五千分の一の地形図を、テーブルの上に拡げている。大分県漁協臼杵支店の部屋で、廣戸正子《ひろとまさこ》さんから話を聴いた。

大分県臼杵市泊ヶ内の海女

廣戸さんが住んでいる泊ケ内《とまりがうち》まで訪ねますから、とあらかじめ電話で頼んだところ、今ちょうど道路工事中で、午前十一時半までは通行止めだから、私が出向きますよ、大分へ出る用事がありますからね、漁協で落ち合いましょう。このようなてきぱきとした返事が、電話の向こうにあった。漁協の厚意で部屋が宛がわれ、廣戸さんから話を聴くことができたのである。

大分県漁協の臼杵支店のある板知屋から、右の方へ、つまり東の方角に地図の上を指先で、ちょっとずつすべらせていく。

「風成《かなざし》、坪江、深江、柿ノ浦、このあたりで、ほぼ半

泊ヶ内までの各漁業集落をまわる
コンビニ代わりのトラックにその日出会った

分ですね。久保浦、その次が笠場《おろば》、破磯《はそ》、清水、泊ヶ内で行き止まり、直線距離では約一〇キロだけど、この曲がりくねった道では二〇キロ近いでしょう」

これが私の挨拶であった。帰ってからであるが、気になっていた「笠」という字を調べたが、『字通』にもない。あれやこれやと何冊かの辞書を開き、挙句の果てに、『岩波古語辞典』で、「まばらで間隙の多いこと」、という意味の「疎《おろ》」と同根ではないのか、とひとり合点したのだが、ときどきこんなことがあって、旅は楽しい。

「私は昭和二六年生まれ、もう六〇歳を過ぎました。臼杵では泊ヶ内に海女がいますけど、現在はそれも四人の仲間でね。私のほかに、吉良、それに佐々木という苗字の人が二人、この四人だけです。四人の中で年齢では私が二番目、みんな六〇代です。若いね、と言われます」

他所《よそ》から嫁いできた人もいるのか、と尋ねたら、

「四人とも地元やわ、全部そうやわ」

と答える。

「泊ヶ内は網漁ですね。底曳網が主やしね。それに巻き網が一艘あります」

そして次のように話した。

「旦那（夫）はね、以前はもちろん漁師やったんですけどね。ちょうど一〇年前になるんだけど、脳梗塞になってね。そのあとこんどは平成一四年にくも膜下出血でね。だから、それ以後は漁師できんから、今は私一人で漁やっとるんですよ。車いすの生活です。主人の世話をしながら、海女やっとるんです。

病気して、潜るのはもちろんできなくなったけど、主人も海士だったんですよ。三重県の志摩では、旦那が船の上で命綱取って、潜っている海女を見張っていますけど、ここでは逆なんですね。お父さん潜るのを、私が船の上で手伝いしていたんですよ。お父さんの仕事を見ていますとね、いかにも楽しそうなんですよ。それでね、いつだったか、私も潜ろうかな、と言いました。潜りたいと言ったんです。その方がお金儲けもできるだろう、と言ってね。最初は主人反対だったの。俺の手伝いしてくれればいいじゃないか、と言って、やりな、とは言ってくれなかった。うん、と言ってくれなかったんだけど、何とか説得してね。旦那の方が折れて、私、

泊ヶ内への途中の漁村のたたずまい

潜るようになったんですよ。

私も潜ってみたいわ、こう言ってね。そんなことせんでもええ、俺が潜っていりゃ食べてけるんやから、と承知しなかったですけどね。俺の手助けしてくれればいい、と言ってね。でも、私どうしてもやりたい、と言って承諾させたんですよ。

そう言って潜ったんだけど、最初の三年ぐらいは、なかなか上達しなくてね。潜っていくと頭が痛くなるし、人の半分もとれないしね。だけど、あんなに言って海女になった以上ね、意地を通してでもやり抜くと頑張って、きょうになったんですよ。

海の中にニナ（ウミニナなど巻貝のこと）がいっぱいいましてね。海の中には、こんなにいろいろなものがいるんか、と嬉しくなってね。やっているうちにサザエのいる場所、アワビのくっついている岩の割れ目なんかがわかるようになってきました。こつというのかな、磯の様子がわかってきましたね。

海女の仕事というのは、いっしょに潜っていって、ここにいるよ、と教えてくれるものでもないしね。ほかの海女さんたちはたくさんとってくるんですよ。どうしてあんなに上手なんだろう、と思いながら、初めのうちはああでもないこうでもないと、試行錯誤のくり返しでね。そんなこととの積み重ねで上達しましたね。

別々に潜りをやっているとね、お父さんは、一人のときのように手助けがないから、とるものが少ないと言って、ときどき不満のようなことを口に出しましたけど、私が上達してからは、逆に、うまくなったなと喜んでくれました。今、思うんだけど、あのとき、海女になっておいて良かったんです。あのとき、お父さんの言うことを聞いて、海女の技術を身につけていなかったら、一銭の収入もない家庭になってしまっていたんですよ。海女になっておいて良かった、といつも思います。あなたの反対押し切っても、技術身につけておいて良かったわ、としみじみ言いましたね。

私はおかげで体の方は健康ですからね。お産のとき、少し休んだだけで、それからずっと海女の仕事ひとすじなんですよ。子どもがお腹《なか》に入っている間は仕事を休みましたし、お産のあとも少し休みました。しかし、そのあとは、幸いうちでは、おばあちゃん（姑）がちゃんと子どもの世話をしてくれたからね、何の心配もなく海へ行けたんです。

海女になったのは二七、八ぐらいのときですからね、早くからではないけど、それでも、もう三〇年以上やってきたことになりますよ。漁師の家に嫁ぐことについては、少しも違和感はなかったです。どちらを見ても漁師の家ばかりだしね。子どものころから、櫓漕いで遊んどったり、船は動かせますしね。小さいときからテングサなんかをとったりしましてね。父親が海産物を買い集める仕事をしていたもんやけんね、テングサを摘んでくると、ときどきだったけど、一〇〇円ぐらいくれました。小遣いに貰ったですね。

結婚については、三〇戸あまりの小さな所だから、お互いみんなわかっていてね。幼馴染みだしね。特に私の場合は、私の兄のところへ主人の姉が嫁に来ていたんですね。こんどは私が、あちらの弟の方へ嫁に行くということになったんですよ。だから、あちらとこちらが嫁をやったり貰ったり、ということになったんです。

お互い行ったり来たりだから、万一うまくいかないで悪くなると厄介だ、よく考えてな、と父親は言いましたけどね。それでも最後は、自分のことやから自分で決めていいよ、と言われてね。今考えると、来て（結婚して）良かったと思いますよ。患ってからだけど、旦那にね、お父さん、あんたといっしょになって良かったですよ、と言ったりしてね。

おばあちゃんが良かったですからね。実家とこちらとは少し特異な関係ですから、お互い気を遣うのは当然だしね。おばあちゃんはテングサをとっていました。私が子どもを産むまではね。孫ができてからは、その世話をするということで、仕事はやめたんです。大正一一年生まれでした」

臼杵の海女漁のことを訊くと、長男も海士で同じ海で潜くと言う。

「長男が同居ではないですけど、近くにいてね。やはり漁師やって、ときどきは私といっしょに海へ行ってくれますしね。息子も海士ですよ。私はひとりで船を出して海女漁やります。ウェットスーツを着てね。

一一月一日から四〇日間、磯漁は禁漁ですね。潜りは休みです。アワビの産卵期に入りますからね。一二月一〇日までは休みですよ。一月と二月も休みます。三月からは地元の漁場《りょうば》で仕事ができるんです。四月一日からは、無垢島《むくしま》へ行って海女漁やりますね。アワビ、サザエ、ウニなんかをとります。あそこは、津久見市に入るんだけど、島の周りの漁場の共同漁業権が入会になっていますから、泊ヶ内の者でも潜りができるんですよ。無垢島には、何人か男のね、海士はいるようやけど海女はいないです。島まで船で行って、一日潜って、とったものを船でこちらまで運ぶんでね。

船で二〇分です。瀬戸内海だからよほどの時化《しけ》でない限り、あまり波はありませんしね。だけどアワビが減りました。ほんとに少なくなりましたね。年々少なくなっていますよ。サザエも減ってきているようだしね。サザエはまだ幾らかはとれますけど、アワビは全滅といっていいです。一日潜っていても一個もとれない日がざら、そんな日の方が多いですよ。海は広いけどアワビはいないわ。私は七尋《ひろ》ぐらい、約十メートルぐらい潜ります。海の底であちこち探しますけど、アワビはとれない。そんな毎日なんですよ。

朝七時から夕方の四時まで、でも、私は四時間ぐらい。以前、若かったころは六時間は潜っていましたね。無垢島の磯では、四月から八月いっぱいまで漁ができます。春から夏のいちばんいいときだから、いったん海へ入ったら休まない。ずっと潜りますね。おしっこするのに岩場に上がるか、疲れてきてドリンク剤を口に入れるときぐらいに、ちょっと休むだけですよ。私がやり始めたとき、もうウェットスーツがあったし、初めからそれを着ましたから、ウェットスーツを海女が着るようになって、もう四〇年ぐらいになるんじゃないですか。

海水を掻き分けて潜っていきますとね、アワビのいるときがあります。そのとき最後のひと掻きの水がアワビに当たると、すぐさまピタッと身を岩にくっつけてしまって、貝はびくともしません。そのあたりの間合いが大事なんですよ。

アワビは岩にくっついていても、ごく僅かですが、ふわっと浮き上がったような感じで静かにしています。もともと夜行性ですから、昼間は居眠りしているというのか、じっとしとるんですよ。そのとき、柄のみを入れて、下の方へ落とすようにする、逆に上へこじあけようとしますと、貝殻の向こう側がかけたりして傷ものになって、値もやすくなります。のみの入れ方が悪いと、アワビは岩にくっついてしまって、もうはがれないんです。のみを入れるその一瞬の呼吸がむずかしい。私たちは、息の長い人で五〇秒ぐらいなんです。一分間の勝負が海女の仕事です。

のみを入れてしまって、うまくはずれないときは、私なんか体に重りをつけていますから、その重りで、のみの頭を叩くんです。そのはずみで貝がうまくはがれることがありますね。とにかく海の中では一分足らずで決まるわけだから、さっと手早くしないと駄目なんですよ。貝の身に傷をつけてはいけないしね。こつですよ。

海藻もとりますけど、全体に減っています。温暖化のせいだとみなそう言ってますが、クロメが少なくなりました。カジメのことです。ほかの海藻は生えていても、アワビにはあまり役立たない。カジメは食用にもなるし、ここでは味噌汁にも入れますよ。ワカメはあまりとらないです。売り物にするのには、手間がかかるからね」

今年（二〇一二）の夏の相場を尋ねてみた。四国の業者が一括買い取るらしい。漁協を通しての商いであるが、泊ヶ内まで来てくれるとの答えであった。

「売上の五％を漁協に払います。歩金ですね。アワビは一キロ当たり六、五〇〇円ぐらいだったです。高いときで七、〇〇〇円、サザエは安くて、六〇〇円から六五〇円、一〇月になって少ないですから、サザエも一キロ八〇〇円していますね。きょう二三日は海が荒れているから海女漁は休みですよ。

アワビの稚貝の放流をしています。ここには男の人たち（海士）も入れて、潜水組合をつくっていてね、漁協を通して稚貝を買って、男の人たちがね、放流してくれるんです。海士さんたちが稚貝を持って行って、岩のかげへくっつけてくるんだけど、歩留りが悪くてね。アワビは稚貝を毎年放流するんだけど、水揚げの方へそれが反映されないようなんですよ。その点、ウニも種苗放流していますけど、こちらは歩留りがよくてね、たくさんとれていますね。

漁が始ったころはたくさんとれますから、いい日は二、三万円あったけど、今は終わりですからね、一万円やっとの水揚げですよ。それも毎日じゃないですし。とったものを問屋へ出さない人もいます。個人の自由です。しかし、すべて平等に歩金は払います。水揚げの勘定は、週一回の勘定で漁協の口座に振り込んでくれますね。

昔、海女の仕事を見て、日本残酷物語といった人がいたと聞きましたけど、私はこの仕事を楽しんでやっています。辛くないといっては嘘になるかもわかりませんけど、働けばそれだけの収入はあるしね。苦しいし、命がけだけど、頑張れば一万円になる、そのことが楽しみにつながるんですね。きょうは幾らになるかな、あすはどうかな、と思うと、それが楽しみやわ。やっぱり止められない。またあしたも頑張ろう、あしたも行こうと思ってね」

　廣戸正子さんは元気はつらつであった。この達成感があるから止められない、と言う。六月に臼杵であった、NHKのど自慢に出演したと言われる。七七〇人の申し込みの中で運よく二五〇人の中に入り、予選を勝ち抜いて、本選の二〇組の中に入った。

「お父さんを励ますつもりで出たんですよ。孫たちも応援してくれましたし、主人も喜んでくれました」

　それで、成績はカンカンカーンだったのか、と訊いてみた。

「それがね、カンカーンの二つだけでした」

　大分へ出かけるという廣戸さんの自動車に乗せて貰って、臼杵駅で別れた。簡単に昼食をすませて、タクシーを拾う。泊ヶ内までの海岸を見ようと思ったからである。もう一度地図を拡げ、左手の海を地図と確めあいながら、東へと走った。小学校も統合されて、臼杵市内まで通うと運転手は話す。タクシー会社が委託されていて、地区の子どもたちを、一人二人と拾いながら走るのだそうだ。中学生もいっしょかと尋ねたら、終わりの時間が違うから別々だそうだ。泊ヶ内の集落は静かであった。山道を大きくカーブして港へ入っていく。遠くに無垢島が二つ並んで見えた。

　泊ヶ内は、港もごみ一つ落ちていないきれいな漁村であった。女の人が二人、道に立っていた。海女のことを尋ねたら、私らも海女やったけど歳取ったからね、もう止めた、と話す。一人は携帯電話のストラップを私に見せ、これは三重の鳥羽へ行ったここの海女さんの土産、と笑顔で言う。先年あった全国海女大会の土産だった。

帰り道、生活物資を満載した行商の軽トラックに出会った。通行止め解除の時間をうまく使って各集落を巡ると、タクシーの運転手は言う。そういえば、どの集落にも店らしい構えの家はなかった。

(二) 四三人が暮らす無垢島へ

無垢島の海士を尋ねようと思い立ち、日豊本線の列車に乗った。海士は昼間は沖に出て、ハマチ（ブリの大きさになる前の名）の曳き釣りをしているから、午後四時出航の船で来いと言う。臼杵に一泊して、翌日の出航までを臼杵と津久見の二つの図書館を巡ることにした。

まず、臼杵図書館まで歩いた。右手に臼杵城があった。「臼杵城は、十六世紀半ば、大友宗麟によって築かれた城を土台としています。丹生島城と呼ばれ、干潮のときに一ヵ所だけ砂州ができて陸地とつながる、全国でも珍しい海域でした。明治になって周囲が埋め立てられるまで、城は海に浮かんでいたのです。」

パンフレットの説明文を読みながら、八坂神社をめざした。図書館はその手前にある。神社は七五三の祝いの宮参りの人びとで賑わっている。街路樹の落ち葉を掃く人がいた。街が晩秋の朝日に映えた。臼杵市立図書館で漁業関係の資料を閲覧した。職員はどの人も親切に応対してくれた。隣接する稲葉家下屋敷の中にある倉を利用した茶房で休息し、一筆箋を一冊買った。

津久見へは普通列車で行く。正午すぎ、列車が来た。窓の大きいきれいな車輌である。向こう側の席に広い大きな窓ガラスを背にして、女子高校生が五人腰掛ている。浅黄色の大きな襟のあるセーラー服を着ている。どの娘も溌剌としたきれいな顔をしていた。

津久見の図書館は駅から少し離れた所にある。津久見市民図書館という。緑の山を背に、見事な設計の建物である。入ってすぐの所の壁に、野口雨情の書の扁額が掛けられてある。右から、「密風柑雨」と読めた。津久見は古くからミカンどころとして知られる。一九二九年雨情来津のときの書である。市民会館の前に建つ詩碑を見ることができた。

津久見密柑の花咲き初めりゃ
風が涼しい香を送る

堂々とした詩碑の前に立つことができたのは、図書館の職員の親切のおかげであった。市の規模にしては、立派すぎるほどの図書館だ、と感想をもらしたら、前の市長が、津久見を文化の香り高いまちにしよう、と思いきったことをした、と案内者は答えた。もう一つ大きいのが市民球場だから、それを見て船着場へ行きましょう、と寄り道をしたあと、私を連絡船の着く岸辺まで送り届けてくれた。

切符売場に西陽が射し込んでいる。竹で編んだ背負籠があちこちに置いてある。どれもがっちりとした作りで、肩に掛ける太い紐に持ち主の名前が書かれていた。三つ集めて写真を撮った。保土島の人たちが街で買物して持ち帰るとき背負うのだ、と切符売場の職員が言う。無垢島の人のはないのか、と聞いたら、あそこは高い所に家が建っていないから、籠は持って来ないですよ、という答えであった。

午後四時、連絡船はともづなを解いた。無垢島は港から一六キロ沖合に浮かぶ小島である。豊後水道波高し、とつぶやいて、私は船の揺れに体を任せた。乗客は三名。三名の客より、生活物資などの荷物の方がはるかに多い。船の運行時刻も日によって違う。小島ならではの不便さということであろうか。

無垢島船着場の前で－島の漁師と魚を生かす籠

乗り合わせた島の女性に声を掛けた。亭主はなくなって一人暮らしだ、と言う。

「島の人はみんな海の仕事だね。海士もいるよ。島のまわりの磯がいいからね。臼杵の泊ケ内の人もやって来る。磯が共同（入会権があるという意味）だから仕方がないけど、あちらの人が来なけりゃ宝の島なんだけど」

女性はこのように続けた。

無垢島は正しくは地無垢島《じむくしま》といい、北にある無人の沖無垢島と合わせて無垢島といわれる。臼杵湾と津久見湾を分けるように東に突き出た半島の突端の楠屋鼻《くすやばな》からは約六キロメートル北東に位置する小島である。集落は島の北東岸にあり、海岸沿いに二〇戸余りの人家が肩を寄せあって建つ。北向きのためか、秋一一月半ばの四時半には、すでに日陰の漁村であった。

東から吹く風に波が立った。それが船底を叩き、

スルメイカが揺れる朝の無垢島

時に大きく揺れた。四時半、桟橋で海士の橋本さんが出迎えてくれた。島の区長をしている。民宿のおかみも立っていた。

宿の部屋で話をしよう、と橋本さんが私をうながす。民宿のおかみがあとから歩いた。岸壁で魚を生かす大きな籠を動かしている漁師が、区長の橋本さんに声を掛ける。漁船が繋がれていて、それぞれに丸い籠が吊されている。今はハマチを入れて生かしているらしい。籠は竹で編んだのではなく、プラスチック製で、中央で丸くふくらんでいる。優に、人ひとりが入れるほどの大きさだ。蓋つきであるから、魚が籠から跳び出ることはない。

振り返れば、スルメイカが干され、中空で風に揺れている。夕陽が当たる岸辺で、それらはラインダンスをする、白い踊り子のようであった。

「橋本正八といいます。昭和二三年生まれ。この島で生まれてね。だから小学校も中学校もここです。以前は子どもも何人かいたけど、今、子ども一人しかおらんことになった。去年、までは、五人いたんだけど、高校へ行くのに引越したんだね。今は中学校の一年生が一人だ。中学校だから先生は校長以下五人、独立した無垢島中学校だ。校舎は鉄筋の大きなもんだ。この民宿の一軒向こうが学校ですよ。

この無垢島は二三戸で四三人が暮らしとる。ほとんど六〇歳以上だ。もうすぐみんな老人会だね。中学生一人でも、運動会やった。島の人みんな集まってね。みんなが寄ってやったですよ。津久見のまちの方からも来るしな。以前、ここで先生していた人たちもやって来るし、小学生がいた去年までは、まちからも大勢来てくれたけどな。
私は若いときから漁師ですよ。今は、海士と魚釣りだけど、初めは、中学校おりてすぐ突きん棒の船に乗ったですよ。突きん棒は大分県の臼杵や津久見でさかんだった。ここにも三隻あったからね。乗組員は少ねえときで、八人ぐらいだったかな」

　特殊漁法である突棒漁業は、板知屋・風成・深江の集落を根拠地として、黒潮流域の日本各地の沖合に漁場を求め、五〜一八トン小型突棒船でカジキ類を追尾し、操業していた。突棒を専業としているのは、全国でも臼杵市だけといわれ、明治初期からの伝承技術である。

『臼杵市史（中）』（平成三・三・三一刊）の第三章「産業」の中にある記述から抽出して掲げた。市史では記述の上に写真が刷られていて、そこには、三人の漁師が長い竿の銛を水平にして、獲物をねらっているが、写真撮影の年代はわからない。昭和六〇年三月三〇日に刊行された、『津久見市誌』には次のような記述がある。

　主漁具である突きん棒は、直径三センチで長さ六メートルの銛竿（樫・一位樫製）の先に　銛を装着したものである。三ツ又の銛は長さが四〇センチあり――中略――　三ツ又の銛先には、タナーと呼ばれる長さ一〇〇尋の細い麻縄がつけられており、銛竿の先の輪に通していた。

漁場に到着すると、見張りを強化してカジキの大きな背びれを探す。魚群を発見すると、ワキは梶子と機関士に合図して、全速で魚群の後尾から追跡する。接近すると船頭とワキは銛を持って待機する。魚群の動きにあわせて船を接近させる上手下手《じょうずへた》が、突きん棒漁の漁獲を左右する。最後尾のカジキに二人同時に銛を投げる。命中すると、カジキは逃げようと懸命に深く遠くに潜るが、タナーの端にガラス玉などを結びつけて放置しておくとカジキは弱る。次々にカジキを突いてゆき、最後に伝馬船を櫓で押して、カジキを回収してまわる。獲ったカジキから銛を抜き、内臓を取り除き、洗ってから船倉に納める。日の出・日没時や時化《しけ》の前後の曇天の強い荒天時に好漁が多く、好天の日の漁獲はかんばしくなかった。

突きん棒でカジキをとる様子が活写されているので、冗長を恐れず、市誌第五編「民俗」の中から引用した。

「突きん棒のときは、岩手県まで行きよったな。釜石と宮古へよく入った。突いたものを水揚げしてね。カジキですよ。大きさは二メートルぐらいあった。棒は四メートルぐらいあったかな。あんまりよく覚えとらん。カジキの群れを追って、銛竿を力いっぱい投げる。投げても魚に当たらんといかんけどな。船のいちばん前の所を、たな（突棚のこと）、といいよった。たなの人は歩合が良かったと思うよ。私は、たなへ立つ前に船を降りたからな。船頭は船長がほとんど兼ねていたね。機械をやる人はエンジン場といったな。

三陸まで行くときには、伊豆大島に寄った。その先、銚子に寄るとかね。六月ごろ出て九月なかばに帰ったな。一服したあと、長崎へ行ったですよ。ちょこっとしか休憩せざったな。韓国の済州島の近くまでやな。五島沖とかね。水揚げは長崎市の魚市場が多かった。

乗って暫くは漁があってよかったんやけど、昭和四〇年代中ごろからかな、一〇〇トン級の大型漁船が流し網をやるようになって、突きん棒ではとれんようになってね。それでやめたんです。この島には、当時の突きん棒漁師がまだ何人かおるな。元気で暮らしちょる。風成はそのあともあったけど、今はどこにもないだろうな。

海士の仕事も若いときからですよ。四月から口が開く（解禁になる）から、三陸へ行く六月までの約二ヵ月は海士をやった。海士をやるのに二月か三月に戻ってきたこともあったしな。初めのころは、裸じゃったな。褌一本。今はウェットスーツ着て潜る。

女の人も何人かおるな。でも、この人たちはウニとるだけや。アワビのおるような深い所までは、よう潜らん。海女というほどでもないな、泊の女たち（泊ヶ内の海女のこと）はこちらまで船で来る。漁業権が入会いになっちょるけん、拒むことできんしな。潜る近くへ碇やっちょってやるんやな。潜る時刻は決まっとるけん、いっしょに来るな。夫婦で来る船が三ばい（三隻）やな。あそこの人は、男が潜る。女も潜る。無垢島の者は夫婦で出ても潜るのは一人だけ、あちらの方は海士も多いしね。

島では今、海士は九人、五〇代が二人、あとは六〇歳以上で、七人の中で二人は七〇以上やな。朝七時から四時までやな。中で昼休みをとる。一時間ぐらい休んで、ほて（そして）また四時まで、長げえわ。昼は弁当持っちょってな、船の上でやる。三重の志摩のように小屋はない。体が冷えるから、船の上で火を焚いて当たる。いろりが造ってあって、薪を焚いてな。どの船もみんなそれぞれ焚くわけやね。漁場は島の囲りだけやから、誰がどこで潜っているのか、みんなわかりますよ。沖無垢島とこの島の二つの島の囲りやでね。

禁漁区が設定してあって、主にそこへアワビの稚貝の放流をするんだけど、泊ヶ内の人にはそこは遠慮してもらっている。この島の小学校の囲りの磯がそうです。向こうの人は多いしな。海女は四人でも、海士も来る。

とれるものは、アワビ、サザエ、それとウニやな。ウニは六月から、八月三一日までとれる。九月から一二月の四ヵ月間は禁漁。アワビの放卵の時期やからね。一月から磯つきをやる。見突漁です。私はやらんね。とれるものが少ないから、やる人が減ったですよ。

アワビの稚貝の放流を漁協の津久見支店が中心になって毎年やるけど、貝は増えんな。泊ヶ内の関係もあって、臼杵支店の方からも持ってくる。大分県は漁協は県下一つやから、その下に支店があってね。この島の放流のやり方は、貝殻へ稚貝をいっぱいひっつけちょるのを、岩の間なんかに置いてくる。私なんかはそんなやり方をしたけど、日和の悪いときは、船の上から抛ったこともあったな。とにかく大き目の貝殻、アワビ貝でなくてもいいわけでね、そこへ、稚貝をひっつけて海底へ持って行く方法やな。

　無垢島の海士漁は、夫婦で行って、女が船の上で番をしとる。志摩と反対やな。四月の口開け当座の二、三日ぐらいは五、六万ぐらいの水揚げはあるけど、あとは少ないですよ。ずっと以前のアワビのたくさんいたころのように、一日一〇万円といった日はもうねえな。今はねえな。クロとアカと両方とれる。クロはクロアワビ、アカというのはメガイアワビで、クロの方が高いけど、今年の夏は一キロ当たり六千なんぼ、安かったですよ。以前はサザエも一キロ一、〇〇〇円したこともあったけど、今、六〇〇円ぐらいだね。どこでもそうだろうけどな。

　海士は綱のついた重りを持って潜る。重さ一〇キロはあるね。息のある限り潜って、重りを置いて上がってくる。重りは船の上の母さんが曳き上げる。私は底を足で蹴って上がってくる。帰りは自力じゃ。昔は人間も手で手繰《たぐ》り揚げたけどな。潜水病にはならんけど、やり初めのころには、頭が何回か痛《いと》うなった。今は、痛うなったら、それ以上深こうは行かんのよ。耳栓はせんしな。

　若いころは三〇メートルは潜った。二〇尋は入ったな。年とってからは一七、八尋ぐらい。潜っていって石引っくり返すというようなことはできん。それだけの時間の余裕はないからね。一回で潜ったときとらんと、二回目で同じ所へということは、潮の流れが強いから無理やな。二回目でとることはなかなかねえな。五〇センチぐらいの長いのみを一本持って潜る。島の人は、いそがき（磯掻き）というとる。先の方だけ叩いて、へらのように平らにする。サザエのときは、反対側の先の曲ったところで引っかけてとる。握る部分は丸くなっとる。ステンでな。自分で使い勝手のよいように作るな。これ一本で入る。クロアワビはへらというか、岩の割れ目なんかに、ふわっとしてひっついとる。マダカアワビ、つまりアカというのは、クロより普通はもっと深い所におる。ここの人は、ひらふせというとる。クロよりキロ当たり単価一、〇〇〇円は安いな」

橋本正八さんは、冬の見突漁はやらない。もっぱら魚の曳き釣りに海へ出る。イナダが豊漁らしい。腕もよいのだろう。この地方では見突漁をイザリともいう。次は釣りの話。

「毎日、時化ない限り釣りに出ます。一本釣りというか、テグスでやるけど竿の代わりに手で曳くな。とれる魚種は、タイ、サバ、アジ、ハマチやね。いろいろその日によって釣れる魚は違いますよ。今はハマチやね。三キロぐらいの大きさやけど、このあと、大きくなって七キロぐらいのブリになる。これも曳き釣りやな。餌をつけて、重りをつけて、それを底までやってな。浮きはない。魚が食いつく。魚が引く。テグスが引っ張られるのが指に当たる。この引き加減で釣るわけやな。釣りは一人でやりますよ。朝早いときは、五時半に出る。二時半から三時には帰る。釣ったものは、佐賀関の業者が買いに来る。その日の相場があるからね。沖買いというとる。私らから言えば、沖売りになるんやけどな。釣りは、組合へは歩金は払わんですよ。潜りのときは五パーセントやったかな。釣りは払わん。

タイは今、ちっちえな。大きいのはコウイカで釣る。生きちょるやつ、みな生きとる餌やな。アジはマアジじゃけん、大きいな、三〇センチはある。ハマチの漁場は港から一・五キロぐらいの沖、近いね。そやから、港から船見える。釣る魚によって漁場は違うね。タイは三マイルから四マイル（約五キロから七キロぐらい）の所だね。

今から、六時前には船出して、こんめえ（小さい）イカをとらないかん。ホタルイカぐらいのものをとる。火を焚いて、そのあかりに集ってきたのを網で掬う。八時ぐらいまでやな。一マイルぐらいの所から網流してな。あしたの餌をとるんですよ。

タイも一キロ当たり九〇〇円ぐらいやで、養殖物と変らんな。一〇年ぐらい前は、それが二、七〇〇円はしよったのにね。稚魚を放流しとるけどね。漁師は重油の値上がりが、いちばんきいたね。売る物は安いのに買うものは高いでな。

それでも島で暮らす者は、みんなこの海で生かされとる。島をきれいにすることがいちばん大事なんやけど、ごみはどこからかしらん、島の囲りに流れつくしな。地球の温暖化やろと言う人もおるけど、海藻も生えんようになったしね。カジメが減った。藻場の減少というやつでしょう。釣りにしても、伝統の海士漁業にしても、これからずっと守って行く必要があるからね。漁場管理をしっかりしてな。泊ケ内とはお互いの権利があるから、組合員じゃったら、誰が来ても文句は言えんところがある。区長としても悩みはありますよ」

橋本さんは笑いながら立ち上がる。体は細身で、ジーンズのズボンがよく似合った。

「島の囲りの磯は、島民にとってみれば、宝箱のようなものなんですよ。マリンバンクの定期預金よりはるかに高い利息がつきますからね。藻場の再生、稚貝の放流で復活させて下さい。稼げる磯でないと、いかんのです」

別れぎわ、私は玄関先でこのように挨拶した。潮風が狭い路地を通り抜けた。

夕食は、私といっしょに、と宿のおかみが居間へ料理の幾皿かを並べた。大きなテレビが相撲力士の取組みを映している。この一番で本日の打ち止め、と立行司が声を発している。私は何がしかの宿賃は払っているが、雰囲気は、以前あった民間テレビの「田舎に泊ろう」に似ていると思った。女主《おんなあるじ》は、薬師寺春枝さんである。弟が横にすわっている。

「昭和一三年生まれ。弟が体をこわして同居しているんだけど、主人は五年前に亡くなりました。島で生まれた島娘ですよ。島の者は男でも女でも、中学出るとみんな大阪にあこがれて、出て行きよったですよ。この弟もその一人だったんだけどね。私は津久見へちょっとだけど働きに出ました。缶詰工場でした。密柑の缶詰工場があったんです。津久見はミカンと野球のまちとして知られていましたね。今は両方とも駄目ですよ。生まれた家も薬師寺、だから弟と苗字は今も同じ。小さな島ですけど、いろいろな苗字がありますね。橋本のほかにもいろいろあってね。

私らが娘のころは、船便がなかったからね。個人の漁船に頼んで渡ったですよ。船に覆《おお》いを張って行ったんですよ。便《びん》下さい（乗せて下さい）、と頼んで乗せて貰ってね。亡くなった主人も漁師でした。海士はやらず、釣り専門でしたね。私もいっしょに漁に行っていたですよ。昼のイカ釣りに行きました。日振島《ひぶりじま》あたりでよく釣れましたからね。愛媛の宇和海の日振島ですよ。イカ型で釣ります」

こたつの上に出された皿の中に、小魚のフライがあった。これおいしいですわ、と言えば、

「ベラです。島の人はベラ食べない。でも、身がおいしいからカラ揚げにしました。トコブシがあると良かったんだけど、生憎なくてね。ここでは、トコブシはアワビよりおいしいと言いましてね、刺身にして食べますよ。それがおいしくてね」

この言葉に、

「甘辛く殻つきのまま煮るのはどこでもやりますけどね。刺身でたべるとはね」

私は少し腑におちないような顔付きで、言葉を継いだ。

「海がきれいだから貝殻もきれいだしね。ちっちゃいのが柔《やわ》くておいしい。ここではオイズゴといいますよ」

おいしい、おいしいと箸が進む。春枝さんは、島の暮しを次のように語った。

「飲み水は船で積んで持ってきますよ。二つのタンクがあってね、そこから各戸へはパイプで給水してるんです。井戸があって、それを使っていたんだけどね。以前に、海水を淡水化しよう、という計画も立ったことがあってね。やっている所へ視察に行ったけど、ここではやらなかった。一八〇人も住んでいた時代もあった。

早朝の無垢島

三五軒ぐらいだった。一軒で八人とか一〇人とかの家があったしね。私の同い年はもう一人だけ。それでもすぐ上の組は七、八人ぐらいいました。先生が一人で、昼までに小学校やって、昼からは中学校という時代もあったんだから。

お寺はないの、氏神さんだけ。亡くなったときは、向こうの保土島から坊さんが来る。葬式はどこでもそうらしいけど、まちの方の式場でしますね。昔は土葬だったから、墓地は山の上の方にありますよ。

津久見のまちまで行かないと、お金おろせない。だけど暫くなら、お金なくても暮らせる島なんです。魚はとれるし、貝もあるしね。健康だったらこの島は天国ですよ。お盆は人が大勢帰って来ますけど、正月は海が荒れるからあまり帰って来ませんね。ここは、島中が親類のようなものですよ。

こんなに離れた島なんだけど、いつかイノシシが畑を荒らしましてね。私がサツマイモを植えていたの。もうじき収穫というとき、畑へ行ったら、すっかり耕したようになって、イモは一つもなくてね。とうとうこんな狭い所にも泥棒が出るようになったか、と思ったぐらいですよ。あとでイノシシとわかった。イノシシがどこから来たのか、いちばん近い、楠屋鼻から泳いで来たのかな、とみんなで言っててね。市役所に頼んで駆除して貰いました。私はそのあとすぐ空豆を播きましたよ」

「一頭で良かった。一頭なら子は増えんでしょう」

二人は大声で笑った。

六時半、夜が明けた。島に吹く風はそよ風である。朝食のあと、春枝さんの案内で校庭に立つ。朝日が昇っている。黒々とした磯が光る。運動場に張りめぐらした高いネットを透して、目前に沖無垢島が迫って見えた。

朝焼けの島の磯、右上は保土島

「沖無垢島のちょっと低い所が見えるでしょう。昔の人は船漕いで、あそこまで飲み水汲みに行ったそうです。山が高いから水が出たんでしょう。島の周りはいい磯ですからね、春先になると、岩ノリを掻いたりしてね」

朝日がきれいだ、と呟くと、

「それでも初日の出を拝めることは少ない」

春枝さんのスカーフが朝風に揺れた。

月曜日は本土から先生たちが登校してくる。その船が折り返して、八時に島を出る。普通は七時半であるから、三〇分遅い。そのおかげで、明るくなってから、家の建て混む細い路地を歩いて、写真を撮ることができた。

井戸があった。電気で汲み揚げて、洗い物に使う。女の人が朝早くから汚れ物を洗っている。井戸のそばに、大きなかまどが三つほど並んで、つくられている。古いものだ。くどというのだろう。ヒジキを蒸すときには今も使いますよ、と教えてくれた。共同で使用するのだとか。それでもヒジキが減ったですよ、と問わず語りに言う。日本中の磯が、海藻が生えない磯焼けに苦しんでいる。漁村はどこも同じ悩みを抱えて暮らしているのだ。

今朝もスルメイカが宙に舞う。岸辺の道にはさまざまな物、それらは漁具であり、生活の道具もあるのだが、あらゆる物が思い思いに置かれた感じで、島人の暮らしの有りようがわかる風景だ。砂浜にも波が運んだごみが、ちぎれた海藻に混じる。

島の山の上には畑があって、サツマイモや麦をつくったらしい。下肥を肩で担って運ぶ暮らしであった。これは連絡船を待つとき、聞いたことである。背後の山は急傾斜で人家に迫る。

朝早く、共同井戸で洗い物をする島の女性

連絡船が着いた。数人の乗客が下りる。学校の先生たちだ。荷物も下ろされる。それを受取る人びとがいる。下船するやすぐ、先生たちは一人ひとりが、ただいま、と挨拶する。お早うございます、ではない。先生たちはどこまでもこの小さな島が生活の根拠地なのだ。

栈橋は一瞬の賑わいにあふれた。民宿のおかみが小走りでやって来る。少しですけど、とアジの干物をくれた。船は私ともう一人、島の女性の二人を乗せて港を出た。島は二月になると満山ヤブツバキの赤い花々で彩られると、乗客の女性が告げた。そして、

「三重までお帰りになるのは大変ですね」

と言う。

おやっと驚き、民宿のおかみから聞いたのか、と思った。

「私、橋本の家内です。ゆうべの区長の家内です」

女性は笑っている。笑顔に窓から射す朝の光があった。

「そうでしたか。栈橋にいた民宿のおかみから聞いたのか、と思いましたよ」

船は沖へ出て揺れた。

「私、若いとき津にいたんですよ」

「これはまた偶然とはいえ、不思議なご縁ですね」

「こんな小さな島ですから、高校へ進みたくても通えない。下宿するだけ家に金がなかったですからね。私、津の近江絹糸の工場へ行ったんです。あそこは工場の中

連絡船が着いた朝の賑わい

に、四年制の家庭科の高校がありましたからね。そこを卒業して、あと一年働いて、津から帰りました。主人がゆうべ貰ってきた先生の名刺を見て、なつかしかったです。日曜日になると、よく三重大学の近くまで遊びに行きましたね。江戸橋とかあのあたりの地名、今も覚えていますよ」

島の中学校が生徒一人だ、ということを言えば、

「今年の三月までは五人いたんだけど、高校進学なんかがあってね。四人は島を離れました。そのうち三人は私の孫。高校ともなると島からは通えない。そのことだけは、私たちのころと同じなんですよ。だから息子の家族は島を出ました。その息子は、太平洋セメントの船長をしています。以前はよく四日市の港へ入ったとか、言ってましたね」

船が津久見の港に近づく。右手に太平洋セメントの大きな工場群が威圧するように岸壁に立ち並ぶ。その背後に削られた赤膚の山が見えた。

「夏は私も海へ行きますよ。主人の潜るのを手伝いましてね。だけど冬は行かないです。主人は、ゆうべはあれから、きょうのハマチの餌のイカをとりに行ったですよ。すぐ前だから、八時には帰りましたけどね。生き餌でないといけないから、昼も夜も働き通しですよ」

別れぎわ、こんな話をした。

橋本さんはこれから歯の治療に行くと言う。保士島からの船も着く。こちらはこぼれんばかりの乗客である。私は橋本さんを置き去りにして、保士島からの人たちに混り、十字路を渡って、津久見駅へ急いだ。

一〇　玄界灘の孤島に生きる

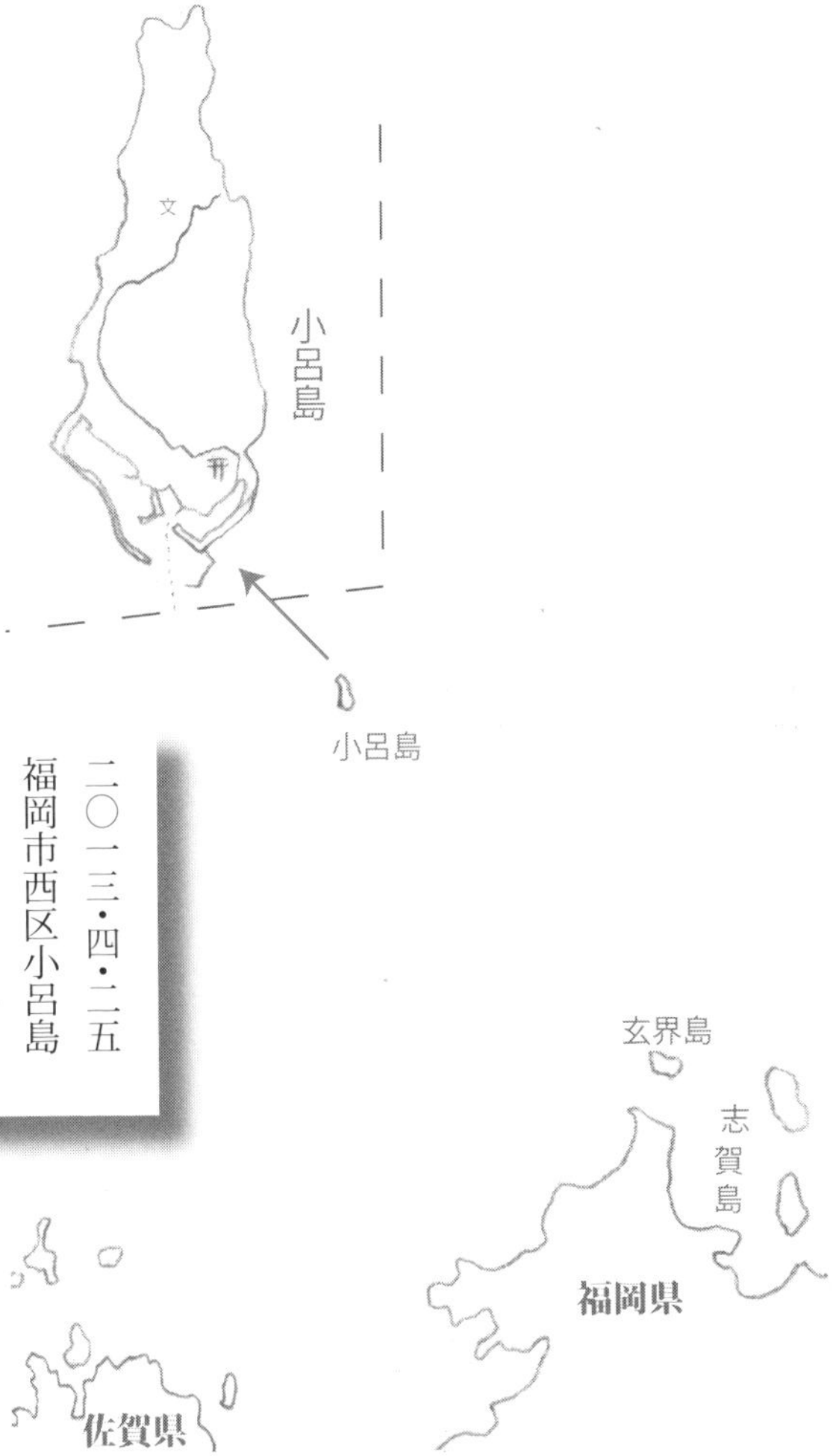

二〇一三・四・二五
福岡市西区小呂島
持田三枝子さん

（一）小呂島の海女として

玄界灘に海女がいた。三〇人ほどが島のまわりでアワビをとる、と聞いた。小呂島《おろのしま》である。壱岐の八幡浦《やはたうら》にも海女がいて、かつて島へ渡り、何人かの海女に会って話しを聴いたことがあったが、そこより海女の多い島である。

福岡市小呂島の海女

やっとの思いで小呂島を訪ねることができた。九州第一の都市福岡市の一部であるのに、港から四五キロ離れた沖合に、ひとつぽつんと粟粒のように浮かぶ島である。大都市の喧騒が嘘のような位置に小島はあった。島へ渡るのがまたひと苦労である。船便はあっても一日一便だから、日帰りができないと聞いていた。渡船事務所で尋ねたら、火、木、土、日の四日は二便あるという。朝九時に出て、午後一時二〇分に小呂島から帰る便があると教えられた。しかし、電話の向こうの人は、欠航が多いですから、そのつもりで来てください、ということを忘れなかった。

渡航に二度失敗した。最初は台風が近づいて、高波で

小呂島の港風景

あった。二度目は朝起きてホテルから確認したら、この風ではとても無理だと言う。一一月のことであった。訪ねて話を聴く人は持田三枝子さんという海女である。そのことを電話で告げ、おわびをした。相手はよくあることですよ、と答えた。三度目の正直というのか、今度、やっとその願いが叶った。

その朝は早く目覚めた。快晴の朝であった。しかし、ホテルの窓からは波の高さはわからない。とにかく港に急ごうと、唐津ゆきの列車に乗り姪浜《めいのはま》駅で降りた。そこからはバスである。渡船場にはちらほらと人がいるが、この人たちは目の前の能古島《のこのしま》へ渡る船客であった。

小呂島航路は八時半になって、船長が出るか出ないかを決めると言う。やれやれとうんざりしてひとりぽつんと時を過した。ニューおろしま号は出た。一時間一〇分の船旅であった。

桟橋で持田さんに会った。老人いこいの家へ行きましょう、と案内に立つ。途中、刺網を捌く若い漁師たち何人かに出会った。立ち止まって、何をとるのかと訊いた。カレイとかグレなんかだね、いろいろですよ、と気さくに答えてくれた。積み上げた網の中にウニに似た丸い毬を見た。

何だったかな、と呟いていたら、タコノマクラとすかさず言う。別の場所では、四、五人の女の組がいた。岸辺は活気に満ちていた。

漁協の魚市場のすぐ隣りに、話を聴く建物があった。そこから細い道が一本、そして両側に民家が建ち並ぶ。道が細いのは漁村特有の風景である。一陣の風が通り抜けた。

「持田三枝子です。「み」は漢数字の「三」、「え」はえだの「枝」です。昭和三五年、西暦で言いますと、一九六〇年七月生まれです。小呂島で生まれた、生粋の島っ子です。中学までこの島でね。中学出て専門学校へ入りました。准看護婦、今は看護師と変わりましたけど、病院の仕事をしながら、修行して資格を取りました。資格を取ってからも、福岡市内でしたけどそこの病院に勤めていまして、二四歳のとき結婚して、島へ帰りました。

それからはずっと海女の仕事ですね。毎年潜っています。母親も海女でしたし、結婚した先の姑も海女でした。海女の技術なんかは、どこでもそうだと思いますけど、見よう見真似ですよ。小さいときから、潮が引けば磯へ行って潜っていましたから、磯には馴染《なじ》んでいました。子どものときに体験したことといいますのは、ちょっとの都会暮らしぐらいでは忘れませんね。中学生の頃には、足の立つ所あたりで、ミナをとって家の助けにしました。ミナというのは磯にいる巻貝です。それとる手伝いをしていましたね」

持田さんはこのように話した。玄界灘の孤島、小呂島の海女のひとり、今、島の漁協女性部長として、二六名の海女を統率する人である。さすがに若い。言葉が明晰である。

漁港前に立つ看板

話されるミナというのは、食用になる巻貝の一つで、ニシキウズガイ（錦渦貝）科のものだろう。私の住む三重県熊野灘の漁村では、イソモンと呼ぶ。コシダカガンガラを玄界灘の沿岸では、ニナまたはビナと呼ぶと、『日本貝類方言集』（未来社刊）にはある。佐賀県の神集島《かしわじま》でもミナと言うらしい。

三枝子さんは続けて語る。

「海女は今、二七名います。いちばん若いのが四四歳、最年長が八〇歳ですね。五〇歳代がいちばん多くて一六名、この中に私も入ります。六〇代が五名、七〇代が三名、それと八〇歳の人がひとり。これで二五名、四〇歳代の人が二名という構成ですね。来年はまた変わるかもわかりませんけどね。

島での海女漁は、まず五月のムラサキウニの採捕からですね。五月の最初の大潮からです。ムラサキウニの漁は一日おきですね。毎日ではないんです。漁獲量が多いと製造ができないから、隔日になるんです。

製造というのは、それぞれの家で、今日とってきたのを、殻を割って身を取り出して板ウニにします。板ウニというのは、木の箱に身を丁寧に並べたものです。それを翌日に出荷するんですね。ウニをとるのはアワビをとるときのみとは、違う道具を使います。ウニとりのときは、アワビはとれません。

アワビ漁は七月からですね。最初の九日潮《ここのか》から二十日潮《はつか》までです。潜る回数も、二潮《ふたしお》と一潮《ひとしお》がありまず。二潮というのは、一時間半潜って一時間休んで、もう一度一時間半潜るやり方、一潮というのは、二時間潜ってそれで終わりという方法です。潮時の関係ですよ。その日の潮の引きどきがいつかによりますね。

その日に海に入るかどうかは、当番制がありましてね、海女四人で朝の様子を見て決めます。風がどう吹くか、凪ぐかどうか、といったことを目で判断して、出漁する、しないを決めます。

島のぐるりすべてが漁場だけど、小さい島ですからね。東側に風が吹いていたら、その反対の西の漁場でやる、と四人が決めるんですね。漁場にもそれぞれ名前がありましてね。波止《はと》の所から西海岸を上へ、中首《ながくび》、トノヤマ、西の平の三つの漁場、貽貝瀬《いがいせ》の所から東側の漁場で、ナヤバ、その下がサンキチ、そして学校の下です。学校の下というのは、以前は集落の近くに学校があったからでしょうかね。

船で漁場へ行って、飛び込んで時間が来たら、迎えに来てもらいます。学校の下あたりだったら、家へ近いから歩いて帰ることもありますよ。いずれにしても波があれば、その日は止めということです。

漁場へ行くのは、親戚の人の船で乗り合わして行きます。ただじゃないです。礼をします。片道三〇〇円、往復六〇〇円、潜ぐった期間の回数を集計して勘定します。昔は歩いたらしいです。

だけど絶壁が多いですからね。大変な苦労だったんでしょう。今は、学校が北の方のずっと離れた所にあって、そこまでは道があります。途中で磯へ降りる道がありますけどね。

親戚の者同志でまとまって出ますね。船頭はもちろん男です。船頭は海女をその日の磯に降ろしたあとは、いったん帰るから、何かあったときは、磯に上がらないといけないですね。一回だけ経験しましたけど、急に風が出てきて、磯へ上がったことがありました」

三枝子さんは持参した小呂島の地図を指でなぞって、漁場名を告げた。島の周囲はアワビが急減しているという。サザエもとるが、アワビに比べれば目方で一〇分の一程度の値段である。

「たまたまサザエをたくさんとって船に積むときは、積み賃が一回五〇〇円です。だから漁があれば一、一〇〇円の支払いとなりますね。アワビはそんなにいないから、積み賃払うことないですよ」

このように話ながら笑う。

冷たい海の中である。おしっこがしたくなったときは、と訊いた。さすが元看護師、ほほえみながらさらりと答えた。

「海の中でしますよ。いえいえ、ウェットスーツを着たままですよ。磯へなんかあがってやっちゃおれないしね。変な言い方だけど、たれ流しですよ。自分のものだもの、どうもない、みんなそんな感覚ですよ。時を惜しんで力いっぱい働くということは、そういうことだと思いますね」

三枝子さんは私の顔を見つめて続ける。

「ナヤバあたりは絶壁じゃないですから、あがれますよ」

アワビ、サザエの水揚高について話をして貰う。

「クロアワビで一キロ当たり五、三〇〇円、本土の漁場より少し安いといわれています。こんな不便な所だからでしょうかね。アワビのことですが、それはクロアワビの七掛けで、一キロ当たり三、七一〇円ですね。アカ、メガイアワビのことですが、サザエは一キロ当たり五三〇円、これは全国的な相場でしょうか。漁をするときは網を持って潜って、とったものをそれへ入れます。アワビではこの網いっぱい入れて、三キロないし四キロですよ。個人差がありますからとる量はいろいろだけど、私たち五キロもとれれば大漁ですよ。私なんか三キロぐらいです。とにかく貝が少なくなりました。

密漁が多いんです。唐津の方からやってくる、というのがもっぱらの噂なんだけど、夜中に来て電灯の明かりで盗《と》るんですね。取り締りをきびしくやらないといけないんでしょうけど、以前に、島の男の人たちが、監視に廻わったことがありましてね、その時、若い者に銃を突きつけられたという事件がありました。この役は、女性の力ではとてもできませんから、島の男の人に何とかいい方法をと思うんだけど、こんな時代では、なかなか解決策がなくて。大事な稚貝を放流しても、このままでは盗人に追銭ですよ。

一年ぐらいは姑さんといっしょに漁に出ました。二人共ウェットスーツを着て漁をしましたね。最近、いい年でひと夏の稼ぎは、大体四〇万円ぐらいです。漁期も短いですしね。とるものが減ったから、今は、稼ぎもうんと少ないですよ。一〇〇万円の人はいないと思います。

海女も子どもが大きくなれば、またやる人が出てきますよ。海女組合とか、そんな組織はありませんけど、漁協に女性部があり、歴代海女代表が部長をやります。去年（二〇一二）から私がその役で、二年の任期ですね。女性部が磯をきれいにしようと呼びかけて、去年、ガンガゼの駆除をしました。ムラサキウニをとるときにやったのですが、意外に少なくて一四六個でした。その前の年には港のまわりにたくさんいたんです。それが去年やるときにはいなくてね。ムラサキウニはひと夏で三万七、〇〇〇個とれました。ガンガゼを駆除するときは、県の水産試験場からも人が来てくれましてね。

アワビの稚貝の放流も女性部の役員でやるんです。袋からあけて、船の上から放流するんですが、もっと効果のある方法でやらないといけないでしょうね。浅い所だけを潜る海女がいますが、この人たちは放流したのが大きくなったのをとるようです。案外たくさんとれましてね。殻頂のところが色が違うから、放流した貝だとすぐわかりますね」

船の上からの放流ではなくて、せっかく潜る技術を持っているのだから、潜って行って、稚貝を岩の割れ目などへ置いてくるようにしては、と話した。

(二)　島の学校まで

帰りの船便は午後一時二〇分である。出航までの時間を利用して、島の学校まで歩くことにした。往復で四〇分あれば十分ですよ、このすぐ隣りの坂を登って行けばよい、と教えてくれた。

海からの風が心地よい。七社神社すぐ脇のところの道を登って行った。海が見えた。さえぎるものとてない。紺一色の視界が開けた。姪浜近くの（愛宕浜四丁目）波止場から直線距離で約四五キロの海上の島である。福岡湾口の玄界島から二五キロ離れている。真東二五キロに宗像市の大島、西は二三キロで壱岐島の魚釣崎である。小呂島こそ玄界灘の孤島である。船の中で地図をひろげてこのことを頭に入れたのだが、細い坂道を歩いて行って、それを確認したのだった。

しばらく歩いた。ここでもダンチクが揺れている。その向こう下に、連絡船ニューおろしまが午後の出航を待っていた。上から自動車が走ってきた。福岡市と書かれている。そうだ、小呂島は福岡市内だと気づく。運転手は目礼して下っていった。時を措かずに、その自動車が帰ってきて止まった。

「学校まで行きますか」、

この問いに、はい、と答えたら、

「じゃ、これに乗りませんか。途中で工事をしているトラックが止まっていたから、港へはもう一度出直します。車だったら学校まですぐですよ」

運転する人は、学校の先生だった。中学の教員だと言う。少し世間話をした。今、島の海女さんに会ってきたところだと女性の名を告げたら、いい人に会えましたね。と言う。小学生が八人、中学生が四人と聞きましたけど、と続けると、校長はひとりだけど、教頭は二人、教員は児童生徒の数より多いぐらいです、と笑う。目の前に木造の二階建て校舎とその横に体育館があった。福岡市で唯一の木造校舎であるらしい。掃除のゆき届いた静かな学校であった。

校門に着くまでのすぐ横に、さらに上に登る道がある。入口に立札があって、戦時中に建てられた弾薬庫がある、と書いてあった。自動車に乗せてくれた先生が作って立てたものらしい。そこまで若草におおわれた径《こみち》を登っていった。雑木林の下でツワブキが広い葉をわがもの顔にひろげている。

戦時中をしのばせる弾薬庫の跡

戦時中の遺跡はコンクリート造りの倉庫で荒れ果てているが、天井もそのままで当時がしのばれる雰囲気である。そこで踵を返した。乗船時刻が気がかりであったからである。帰り道もまたツワブキの広い葉に慰められた。つややかに光る大きな葉が見事であった。辷らないように足元を見つめながら、一歩一歩踏みしめて下りる。そんな狭い道の両脇にスミレの花が咲いているのを見た。朝、船乗り場の売店で買った、読売新聞の俳句のコラムに書かれていた一句を思い出した。

菫つめばちひさき春のこころかな

暁台《きょうたい》の句である。一八世紀の人で芭蕉の俳諧に学んだ。花ひとつひとつが潮風にゆれていた。小さな島でちさな春のひとときを味わいながら、港を目ざして一目散に歩き続けた。

急な坂道を下りて、漁協支所前で三枝子さんに挨拶した。きょうは波がなくてよかったですね、といいながら、銀色の保冷バックに入った「ヤズフレーク」をお土産に手渡してくれた。

三枝子さんは次のように話す。

「小呂島の特産品の『ヤズフレーク』です。この島では、ブリの幼魚をヤズといいます。夏場は値が安いですから、自分たちが加工して、フレークにしました。ご飯のふりかけを作ったんです。去年（二〇一二）一〇月に福岡市役所のふれあい広場に出店しましたら、大好評でしたので、私たちも自信を得ましてね。

島の漁師が船の上で食べるおかずに、『こねくり』というのがあります。魚の刺身を醤油につけたものです。づけですよ。それが余ると家へ持ち帰ります。家の者はそれを炒り煮して常備菜にしていたんですね。『ヤズフレーク』はそれをヒントになっているんです。炒り煮して汁気がなくなってきたら、そこへ生姜のみじん切りと白ごまをたっぷりいれます」

たっぷり入れる、というところに島人の心意気を感じた。島の人たちの暮らしの知恵が商品となって、玄界灘を渡ったのである。

昼下がりの島の岸辺は静かだった。網をさばく漁師たちの姿もなかった。風に吹かれて船着場まで来た。切符売場の女性に話しかけたら、今年は三月から四月にかけて、約半分の日が欠航で

鯉幟が泳ぐ小呂島の民家ー港の近くで

した、と言う。春になっても、あすは大丈夫だとは言えなくなりましたよ、と続けた。

狭い切符売場の待合室で、ひとりぽつんと出航までの時間を潰すよりは、と思い、近くを歩いた。立派な下水処理施設が建っている。斬新な建物である。その横の細い道を注意しながら登った。ここから小呂島の集落が始まる。港を見渡せる高さまで歩いた。姪浜へ帰る連絡船ニューおろしま号が待っている。きょうは果たして何人の船客だろう。そんなことを思う。連絡船の一つ手前には、赤と白の網が干されていた。島に着いたとき見た網であった。

近くの民家の庭に、小ぶりであるが、鯉幟が泳ぐのを見た。矢車は止まったままでも、三匹の鯉は中空を占めていた。

島々に吹く風はすでに薫風であった。布の鯉に島の暮らしをみた。

網が干され、連絡船が午後の曳航を待つ昼下がりの小呂島漁港

小呂島での海女によるアワビ・サザエの水揚げ

	平成２３年度				平成２４年度			
	黒鮑	赤鮑	サザエ	合計	黒鮑	赤鮑	サザエ	合計
7	198k5 1,071,900	52k3 197,694	820k1 450,813	16日分 1,806,428	176k3 934,390	13k6 50,456	596k6 315,604	10日分 1,365,473
8	68k5 369,900	44k4 167,832	399k2 218,988	12日分 794,556	56k3 298,390	5k6 20,776	358k4 189,168	10日分 533,752
9	104k2 562,680	60k0 226,800	426k7 234,685	14日分 1,075,374	100k3 531,590	28k9 107,219	692k0 364,384	12日分 1,053,354
10	1k4 7,560	1k3 4,914	22k0 12,100	1日分 25,803	39k7 210,410	10k2 37,842	214k2 113,229	6日分 379,555
	k5,400	k3,780	k550		k5,300	k3,710	k530	
合計	372k6 2,012,040	158k0 597,240	1668k0 916,586	43日分 3,702,161	372k6 1,974,780	58k3 216,293	1861k2 982,385	38日分 3,332,134

単位　kg　下段　円　　　　（持田三枝子さんの資料による）

第三章　海女、このすばらしき人たち

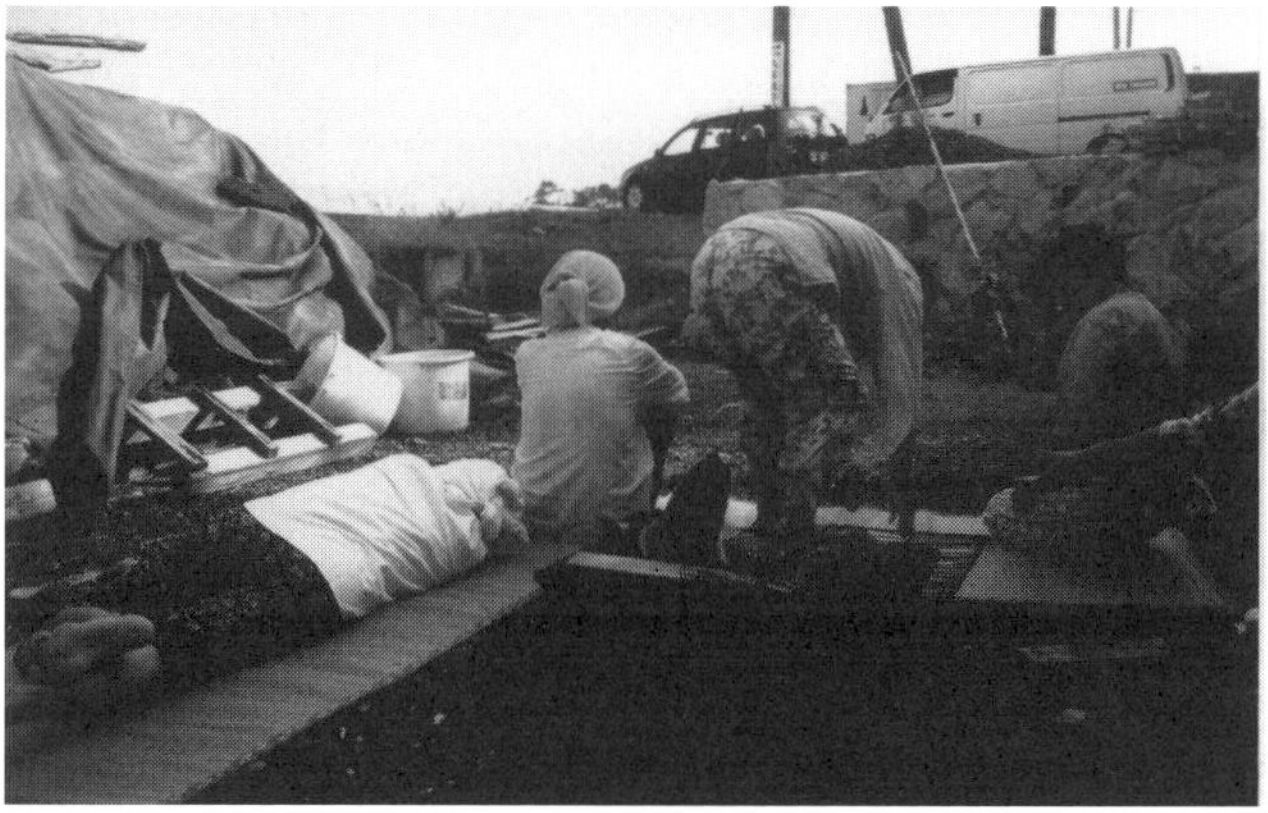

海風に当たりながらの昼休み－志摩安乗で

一　海女文化を守る

（一）海女漁業はすばらしい

海女は「素潜《すもぐ》りでアワビやサザエをとる漁を生業《なりわい》とする女性」※1、と定義される。現在、日本に海女は何人いるか。今、約二、〇〇〇人と推定されるが、これとて年毎に変わるだろう。世界で海中に潜って魚介をとる海女は、日本と韓国だけであり、韓国では約五、〇〇〇人、合わせて約七、〇〇〇人といわれる。日本の海女約二、〇〇〇人というのは、年間の仕事が一日だけの人から、優に一〇〇日を超えて海に入る人までを計算しての数である。

戦後に限っていえば、一九五六（昭和三一）年東邦大学の調査で一七、六一一人、六五（昭和四〇）年水産庁調査で一一、〇五七人であり、海女研究の先達である大喜多甫文さんの七五（昭和五〇）年の調査では、一〇、六〇九人となっている。現在の約二、〇〇〇人はこの時から約五分の一に減った数字である。そのうちで三重県が九七三人であり、一〇〇人以上の海女がいる県は、三重県のほかには、千葉、静岡、石川、山口、福岡、長崎だけに限られる※2。

減少の経過を三重県で見ると、東邦大学が調査した一九五六年で、七、二一三人。これは各種の資料にもとづいて調べた中ではいちばん多く海女がいた年であり、それ以降減少、いや激減の傾向を示す。一九七八年では三、一六七人と、二二年前の半数であり、さらに、三二年後の二〇一〇（平成二二）年では、三分の一以下の人数（九七三人）となった※3。

最近、海女が再認識されてきているが、評価されるほどに海女の人数は増えていない。むしろ激減の傾向といえるだろう。現に、伊勢えび祭りで知られる志摩市浜島町では二〇一二年には、逆に海女がいない状態となった。伊勢えび祭りが始まった当時、五〇年ほど前にはなるが、白木綿の磯着姿の海女が五〇人、祭りにはずらりと勢揃いしたものである。

海女が減った理由は何か。幾つかあげられるが、いちばん金になるアワビが急速に減ったことが第一であろう。三重県でいえば、二〇世紀後半、特に一九七〇年ころからこの傾向が強くなる。一九六五（昭和四〇）年から四年ほどは、七〇〇トン前後の水揚げ量を示すが[※4]、そのあと減少の一途という傾向である。その数年前の伊勢湾台風（一九五九年）、引き続くチリ地震津波、これらの自然災害によって磯が荒れた。アラメなどの大型海藻が根こそぎやられ、その後、磯焼け現象は回復しないままである。

逆に、高度経済成長に伴ってわれわれの生活水準があがり、水の消費が格段に増え、その分、海への生活排水の急増が、沿岸域の自然環境に悪影響を与え、その結果、根付資源の枯渇を来たしたのである。更に、ゴム製の磯着、ウェットスーツの普及が、海女（海士も含めて）を重労働

※1　海の博物館編『目で見る鳥羽・志摩の海女』二〇〇九・六・三〇
※2　海の博物館『日本列島海女存在確認調査報告書』二〇一一・三
※3　2に同じ
※4　2に同じ

から開放したものの、反面、とりすぎにつながっていった。今、その反省から、潜る時間など、厳しい約束事の中で、海女漁は継続されてきている。

沿岸漁業の中で、海女の潜きの仕事は特殊な漁業だ。特殊なことはすばらしいことに通じる。それは、磯という沿岸漁業とうまくつきあって仕事をしているということである。磯を荒さないといった、細やかな心遣いをしながら、漁をしているといえるからである。その意味では、磯という自分たちの職場を、きちんと整えている人たちだ。いちばん海を大事にしているのが、海女さんたちではないだろうか。

磯での漁の場合、「とりすぎないこと」は、金科玉条であり、それをみんなで守る。約束事をきちんと守ることもまた、女性の特性といえるもので、冷い海の中での労働も、女性のしなやかな身体能力は男にまさるといわれる。潜っていってたった五〇秒の仕事に海女たちは命を懸けている。それ故に海女の行動はすばやく、段取りがいい。

そのような海女たちの心遣いや努力にもかかわらず、磯根資源は減少の一途をたどり、磯は磯焼けで淋しい。磯焼けがいわれ始めて半世紀になろうとしている。回復への対策はほとんどされていない。だから、とりたいものが磯になければ、海女は海での不安定な収入よりも、少ないながらも陸《おか》での安定した仕事へと磯から離れる。手近いところでは民宿の手伝いなどへの転業である。海女の高齢化は現在も続く。しかし、海女の仕事は日本の漁村が育んだ世界に誇る漁撈であり、「海女文化」として、後世に伝えるべきものである。

海女はそれぞれの漁村という共同体の中で暮らし、彼女たちには、助け合うという「絆」が生きている。漁村という限られた地域社会の中ではあるが、常に手を取り合って暮らす。昔から、このことを体現してきているのが海女たちだ。漁村の中でも、海女仲間ほど協調性があり、団結力の強いものはない、といってよい。助け合うということ、このことがいかに大切であるかは、今回の東日本大震災が教えてくれている。

志摩半島の小さな漁村でのこと。海女が仕事中に亡くなった。事故者を探すのにその地区だけでなく、近隣の海女全員が集まって、終日潜って、亡くなった海女を探索して見つけたという。

千葉県千倉の海女
―若き日の荒井トクさん（故人）

このような最近の例がある。

すでに二〇年も以前のことであるが、千葉千倉の漁村の海女から聴いたときの言葉を[※5]、今も忘れずにいる。

「二つのグループでお互い近い距離で漁をしていますね。だから、アワビに当たってとっているのと、とれないで潜っているのと

※1　川口祐二『女たちの海―昭和の証言』ドメス出版　一九九〇・八・三〇刊

は、すぐわかるわけですよ。たまり（とった貝を入れておく網）が空だとかわいそうだといってね、その海女が潜っている間に、そっと、たまりに貝を入れてやったりしてね。そんな親切のしやっこでやっているんだけど」

「大潮になるとテングサの口が開きますね、そうしますと、学校へは行かず、海へ行ってテングサ採ってね。―中略―私ら子どもは五百匁とか三百匁ぐらいでしょう、百匁も採れないような子もいるんですよ。そんな子には、一つかみあげたりしてね。

そうすると、今度はテングサのお礼だといって竹の籠にカキ餅入れてくれたりしてね。それが嬉しくてね。私の家にはそんな物は何もなかったからね」

私より一歳年上の一九三一（昭和六）年生まれ、荒井トクさんという海女から聴いた話である。この人はもういない。トクさんの話は、私の漁村歩きの原点でもある。

いずれにしても、磯環境の保護、いや磯の復元が急務だ。とるものがなくては海女はただ働きに終わる。それでは空しい。持続可能な漁業として、海女漁ほどふさわしいものはない。とりすぎないことと共に、人為的に資源を増やすことへの努力と手段が喫緊の課題となっている。アワビを増やすことだ。今まで以上に積極的に稚貝の放流をすすめること、それと共に、稚貝が育つようなバランスのとれた磯をつくりあげること。海づくりは、お祭りさわぎのようなことでは成果は出てこないのである。沿岸漁場の復興は、国民的課題といえよう。日本人にとって、いちばん大事な沿岸海域を、沈黙の海にしてはならない。

（二）　アワビ讃歌

水揚げされたアワビ各種　上３本は海女が使う磯のみ－志摩市和具漁港で

かつて安乗（三重県志摩市）の海女小屋を訪ねたときのことである。夏の真っ盛りの暑い午後であった。海女たちも小屋の中では暑いのか、涼しい海風がほしいと、砂利の上にござを敷いて、焚火を囲んで体を休めていた。遅い昼食の前の一服のときであった。とってきたものはすでに魚市場へ出荷していた。海女たちはそれぞれにきょうのとれ高を言う。中に、六〇キロサザエをとった海女が、体を横にして休んでいた。

「それは大漁でしたな。二人分や」

私が声を掛けると、その海女は答える。

「いくら六〇キロサザエとっても、アワビようとらんでは（アワビをとることができなければ）、本当の海女やない。嘘の海女や」

皺のある顔が笑っていた。アワビをとってこそ、海女な

放流する殻長約３センチのアワビの稚貝
―鳥羽市相差の海で

のである。それほどに、アワビは古来、海の宝物として貴ばれてきた。

次は、アワビについてのこぼれ話の幾つかである。

自分が相手を思うだけを、「磯の鮑の片思い」という。そのことを辞書で調べると、「鮑が片貝であることから」(『広辞苑』)と説明されている。片貝というと二枚貝の一方と思いがちだ。アワビは一枚貝というのではなく、れっきとした巻貝である。あの見事な貝殻をよく見よう。中央部からはずれて、後方に位置するやや高く盛り上がった部分が殻頂で、はっきりした渦巻きがあるのがわかる。

アワビはミミガイ科の巻貝で、日本には、メガイアワビ、マダカアワビ、クロアワビ、エゾアワビの四種が生息している。日本の海女の半分がいるといわれる三重県志摩半島(鳥羽市・志摩市)では、エゾアワビを除く三種類をとる。しかし、前章での日本各地の海女たちが異口同音に言うように、年を追うごとにアワビの水揚げが減り、特にクロアワビは激減しているといった状態である。

アワビの雌雄の判別は、生殖腺の色で見分けることができる。雌は緑色をしているし、雄はクリーム色で、志摩半島の海域では、一〇月から秋の深まる頃に放卵し、次の世代をつくる。メガイアワビは身が柔かく淡褐色をしているので、これを雌、クロアワビは身が硬いことから雄という所もあるが、これは間違いで、どの種のアワビにも雌雄はある。

成熟した雌雄のアワビから人工的に採った受精卵を孵化させ、陸上の水槽で育てるのが、アワビの種苗生産の一般的な方法である。受精卵が卵割したあとは、一週間ほど海水中を漂っているが、その間に殻ができ〇・三ミリほどの大きさになり、足ができて硬いものへくっつくようになる。

アワビ種苗を管理する人
ー千葉県白浜で

海水を張った水槽の中へ波形のビニールトタンなどを垂下しておくと、幼生は泳いでそれへ付着する。ビニールトタンに生えている珪藻などを捕食して成長する。

アワビの貝殻は捕食する餌によって色が変わる。だから、水槽で人工的に飼育されていた期間までの殻の色と、そのあと、磯で海藻を食ってからの殻（外側となる）の色は異なる。だから成長した貝でも、殻頂の部分の色と、それより外側の殻の色とが違っていたら、その貝は種苗放流によって、磯で大きくなったアワビであると考えてよい。

磯へ放流するアワビは、殻長三センチぐらいの稚貝である。放流までは、普通、陸上のコンクリートの水槽の中で育てる。昼夜を措かず海水を汲みあげて還流させているから、人工飼育で大きくなったアワビの稚貝は、電気の塊のようなものだ。漁業者の購入価格は一個八〇円から一〇〇円ぐらいまでだろう。

値段のいちばん高いクロアワビは、陸地に近い海域に生息し、それより安いメガイアワビが沖の深い海域をすみかとする。陸上からの汚れた水がいちばん早く到達する環境に、最高級のクロアワビがいるというのも、皮肉なことだ。ほかに殻長が二〇センチメートルを超えるマダカアワビという種類があり、一般に深い海域に生息するが、これも現状は全滅に近い。三浦半島城ケ島の海士は分銅潜りという方法でこれを採捕するが、ここでもめっきり減ってきている、と以前に島で聞いた。城ケ島では、マタと呼ぶ。水深の深い漁場でもアワビは全滅に近いのが、昨今の海の姿なのである。

アワビは腸を除いたほかは、すべてが貝柱といってよい。だから美味しいのは当たり前で、貝の王様の誉れは、いつの世にもゆるがない。殻から身をはがして、そのままかぶりつくのが最上の食べ方だが、そのほか、和風、洋風、どちらでも料理の主役となる。乾鮑は中華料理にはなくてはならぬものだ。アワビが干されているところを、かつて岩手県種市の加工場で見たことがある。

熊野灘沿岸の漁村では、お産のあと産婦にアワビの身を食べさせて、体力回復を願う。

柳田國男の「民俗覚書」の中には、次のように書かれていて興味をひく。

石決明《あはび》は近世に入つてから、追々とうまい食ひ方が発明せられて居る。たとへば甲州韮崎《にらざき》の名物煮貝の如く、遠くから輸送せられて来るものにも、尚色々と調整法があつたので、所謂熨斗鮑の如きは早く儀式用の、目で見るだけのものになつたけれども、本来は是が我々の間の、最も人望ある御馳走の一つであつたことは、記録を史料にした普通の食物史にも之を明示して居る。※1

貝殻は、最近はあまり使われないが、昔は、器や道具になった。神棚にこの貝が使われるし、身近なところでは、岩のアオサやフノリを掻き取るときの格好の道具であった。升の代わりにもなる。私など家庭菜園をするとき、このアワビ貝を升のようにして、紙袋の中から油かすを取り出している。殻の内側は、強い真珠光沢があり、それを生かして貝ボタンを作った。戦前のワイシャツのボタンは、アワビかサザエの殻であった。できた貝ボタンをボール紙に並べて、糸でくりつける夜なべ仕事をしたというのを、ずっと以前に紀州田辺で聞き取りをしたとき、女の人から聞いたことがあった※2。昔、ニワトリに餌をやるのにアワビの貝殻を使った、と戸板康二の随筆集『ハンカチの鼠』には書かれている。

アワビは所によって呼び名が変わる。このことについては、川名興さん編の『日本貝類方言集』

※1　『定本柳田國男集』第十四巻　筑摩書房　一九六九・七・二〇刊
※2　川口祐二『女たちの海―昭和の証言』ドメス出版　一九九〇・八・三〇刊
※3　川名興編『日本貝類方言集―民俗・分布・由来』未来社　一九八八・三・三刊

[※3]という大著が、われわれを助けてくれる。

岩手県久慈では「アビ」千葉県千倉、白浜などのアワビの産地では「ケー」、それが神奈川県三浦半島に来ると「ケーッケ」である。「ケー」というのは「カイ」が訛ったのか。さて、われわれの志摩地方ではどうか。ここでは「アービ」、「オービ」が使われるとある。今は「アービ」よりは「アワビ」が一般化しているが、和具の海女仲間は現在でも「オービ」と言う人が多い。西へ行って海女どころの長崎県壱岐島八幡浦では「ウエジ」「エージ」があるらしいが、私が訪ねて話を聴いたときには、どの海女も「アワビ」と言った。客に対しては、標準語を使ったのか。日本海では、佐渡が「アワビ」、富山県では「アワベ」である。

クロアワビのことは、千葉の勝浦では「アオガイ」である。これは貝の身が青味がかっているからだろう。色による名づけである。これが千葉でも富浦へ来ると、「アオッケ」となる。そして白浜では「オトコ」とそのものずばり。しかし、前述したように「オトコ」の貝にも雌もある。山口県の日本海側、見島では「オンガイ」と呼ぶ。

ミミガイ科の仲間にトコブシがある。ときどきアワビの子どもか、と訊かれることがあるが、トコブシはアワビの子ではない。クロアワビよりさらに浅い海の岩の下や大きな石の裏側などに多く生息している。大きくて約八センチメートルぐらいまで。

呼び名も所によって違う。沖縄では「アービ」、八丈島では「アブキ」、志摩半島では「フクダメ」と言うし、また「ナガレゴ」とも呼ぶ。静岡県の下田では「コブク」、山口県の仙崎や萩あたりでは「センネンガイ」である。千葉の白浜では「トーブシ」、千倉は「トーボーシ」だ。秋に訪れた大分県の無垢島の人たちは「オイズゴ」と言う。島の人は、生で食べるとおいしいと言った。砂糖醤油で甘からく煮るとおいしい。まさに珍味である。このときは、殻をつけたままの貝へ煮え湯をかけ、しばらく置いたあと、貝殻に付着しているキクスズメガイを指先などで取り除き、あと、殻つきのまま、砂糖、醤油、酒で甘からく煮る。煮つめすぎると身が硬くなるから、そのあたりは注意が必要。以前はトコブシの缶詰があったが、それだけ磯にはどっさりというう感じでトコブシがいたのである。乱獲と生活排水などで海を汚したことが、激減の原因だろう。両方とも人間の勝手な振る舞いの結果だ、と断言できる。

二　このいとしきもの

（一）海を守ることが海女を護る

近年、海女の潜きを「海女文化」として捉え、ユネスコの無形文化遺産登録を目指ざす動きが出ている。日本の海女の半分が三重県志摩半島地域にいることもあって、その運動は三重県から始まった。全国海女大会などを開催して、今まで海女同士の横の連繋すらなかった状態から、隣の漁場の海女との交流はもとより、遠く他県の海女とのつきあいもできつつある昨今である。すばらしいことだ。

海女漁は日本と韓国だけに見られる特殊な漁業である。二〇一二年夏に、韓国麗水《ヨス》市で万博が開催された。会場内のカンファレンスホールで、日韓海女フォーラム「海女の集い」があった。七月一九日のことである。誘われ

韓国、麗水万博会場で踊る済州島の海女さんたち

て参加しフォーラムの熱気を目の当たりにすることができた。かつて訪ねて海女の仕事の聴き取りをさせて貰った、宮城県網地《あじ》島の海女さん二人、小野寺たつえさん、阿部はつえさんが参加した。二人とも東日本大震災では大被害を受けた海女さんたちであった。西からは長崎県壱岐島の海女、八幡浦の片穂野八代子さんともう一人は先輩に当たる海女赤木政代さんであった。壱岐の八幡浦の海女は、今もウェットスーツは着用せず、トレパン、トレシャツだけで潜ることで知られている。

　韓国、済州《チェジュ》島の海女も一〇〇人ほどが参加し、和気あいあいの中で、会議は進んだ。一五〇人ほどが会場を埋めた。終わりに済州島の海女たちは用意してきたあめ玉を、手踊りしながら会場の人たちへ撒き、大勢が無心にそれを拾った。

韓国、麗水万博会場で、日本の海女漁業を宣伝する
鳥羽市相差町の海女さんたち

毎日新聞伊勢支局から依頼されていた、その日の様子と海女への思いを、ホテルの小さな机の上でまとめた。帰国した二〇日の夕方、近鉄宇治山田駅の売店内の喫茶店で、女性の記者に原稿を渡した。翌日の朝刊にそれは大きく掲載された。次はその全文である。

「安心して潜れる漁場に」

19日の午後、麗水市で開かれている万博会場のカンファレンスホール日韓の海女25人が集い、フォーラムが開かれた。国内からは石垣英一副知事や木下憲一・鳥羽副市長をはじめ、鳥羽商工会議所、海の博物館、研究者など計60人が出席。また韓国側も学生を中心に150人が集い、会場は熱気にあふれた。

石原義剛・海の博物館館長（74）の基調講演のほか、海女漁業についての論考が発表され、文化遺産としてどう捉えるかが論じられた。

圧巻だったのは、韓国・済州島の海女たちが披露した海女唄だった。歌に合わせて踊る海女が持つ道具は、ひょうたんを浮きにし、木の枝を丸く輪にしたものに、粗い編目の網をつけて作ったスカリ（取った海産物を入れる袋）であり、10人の素朴な踊りは、強く参加者の心に響いた。

続く「相差《おうさつ》音頭」の手踊りで会場は盛り上がり、それに加え、東日本大震災による磯の沈下で、まだ漁場が回復していない宮城県石巻市の網地《あじ》島の海女が、この苦難に耐えて、これからも海女として生きることを力強く語った。このほか、今もウェットスーツを着ないで漁をする長崎県壱岐島の海女たちが「壱州おけさ」を歌って花を添えた。

この日初めて会ったばかりの人たちが、あたかも10年の知己のような和やかさで会を盛り上げた。両国が仲良く手を組んで、海女文化をユネスコ無形文化遺産に登録できるよう頑張ろう、という松田音寿・鳥羽商議所会頭の呼びかけに、全員が唱和して幕を閉じた。

海女漁業は古くは万葉集にも詠まれるなど長い歴史があり、両国にしか見られない貴重な文化である。今回の催しは、ユネスコ登録に向けて両国が同じスタートラインに立ったという意義を持つ。

いま、世界に7000人の海女がいる。日本2000人、韓国5000人と見てよいが、10年前に比べれば日本は6分の1の減少である。我々は、海女の激減に心を致すべきだ。沿岸漁場の環境悪化による磯根資源の枯渇、つまり、磯にアラメが育たず、アワビが取れない、サザエが少ないという現実から目をそらしてはならない。「潜《かず》いても、とるものがなくては仕事にならん」という海女の嘆きに耳を貸そう。済州島も磯の汚れが目立ち、アワビの水揚げは減った、と海女は訴えている。

海はひと続きだ。海女が安心して潜ける漁場の復興こそが急務である。海女文化をユネスコ無形文化遺産へと願うならば、この視点を見落としてはならない。

（二）あすにかける海女たち

二〇一二年一〇月二七日土曜日午前〇時一〇分ごろのことである。場所はＮＨＫ津放送局の狭いラジオ放送のスタジオ。前日二六日の午後一一時すぎからの、「ラジオ深夜便」の放送は津局発であった。前夜の開始からずっとマイクロホンの前に腰掛けていた。東京からのニュースの放送が終わり、これに続けて聴きなれたゆったりとした美しい曲が流れる。その夜の番組の話題は、「世界に誇るべき海女文化」であった。

放送が始まる前、番組の最後で「海女への思い」を、あなたの文章で朗読してほしい、と番組を担当している同局の佐々木智一アナウンサーから注文があった。原稿用紙を貰って大急ぎでまとめた。私はベテランの富田典保アナウンサーの前でそれを読んだ。

「海女とは、身一つで黙々と海に潜り、自然の恵みに感謝しながら、働くことに誇りと喜びを感じている人びとである。長い年月にわたって、工夫、改良された潜水技術や幾つかの道具は、世界に誇るべき貴重な文化であり、お互いが仲良く手を取りあって、漁場と資源を守っていく人びとでもある。

これらのことから、私は次のように定義づけたい。すなわち、海女は日本人にとって、大切な自然環境である沿岸漁場の守り神である、といえるだろう」

海女は潜水という独自の技術を持っている。冷たい海の中に潜り、一分足らずの、いわば五〇秒の勝負という、それも危険と背中合わせで仕事をするのが海女なのである。海女の仕事は苛酷だ。しかし、彼女たちは決して自分の仕事が惨めであるとは思っていない。きょうはこれだけとれた、あしたはもっと沢山とれるかも知れない。その日の達成感とあすに寄せる思いがある。海女たちはあすにかけている。海女たちは誇りを持って海に潜る。だから、どの人も至って明るい。おおらかである。時に見知らぬ人にさえも、屈託なくとってきたものをいろりで焼き、食べない、と勧める。全く豪儀なものだ。海女さんとは、そんな人たちである。しなやかな体と胆力の持ち主、それでいて細やかな気働きのある人たち。このすばらしきもの、それが海女であるといえるだろう。

あとがき

東京江戸川区一之江に事務所がある漁協経営センターの会長山本辰義さんから、「海女」について一冊まとめてみないか、とお声がかかった。二〇一二年一〇月二六日深夜のNHKラジオ番組「ラジオ深夜便」を聴かれて、翌日すぐのことである。

「あなたとアナウンサーの対談を聴きましてね。漁村の人たちだけでなく、誰でも興味の持てるような本にしたいですね」

電話の主はこのように話された。そのときすでに、全国の漁村の何ヵ所かを訪ねて、海女さんたちから話を聴いていた。それらを芯にしてまとめたのが、今回の『海女、このすばらしき人たち』である。

第一章と第三章は、私がかねてから考えていたことを簡潔に述べたものであり、やはり、中心は第二章の漁村での聴き書きということになろうか。北は岩手県久慈市小袖の岸辺から、西は玄界灘に浮かぶ孤島小呂島までの一一ヵ所、一八人の海女さんたちに会ったときの聴き書きである。一部は漁師（海士）さんからの話も含まれる。

膝を交えて話し合う席で、どの人も異口同音に話されたのは、とるものが少なくなってきている、ということであった。どこへ行っても、最初の言葉はアワビが急にとれなくなったという嘆きであった。それはアワビだけではない。すべての磯根資源が枯渇していることへの不安であった。

沿岸漁場の荒廃が叫ばれて久しい。しかし、どれだけの対策がされてきたのか。本当に困っている所へ手を差しのべ、光を当てるのが本来の政治ではないのか、これが浦浜を歩いての偽らぬ感想である。

お会いした海女さんたちは、一様に明るい人たちであった。胆力の持ち主であり、それでいてしなやかな体力、そして気働きのできる人たちばかりであった。それらの人たちの発する言葉ひとつが、また語りかける話のどれもが、私にとっては興味あることばかりであり、教えられることが多かった。

私は、二〇〇八年九月に発足した三重大学の海女研究会の一員として、大勢の研究者の研究事例を見聞きし、そこから深く刺激を受け、啓発された。それらから得た数多くの話題は、今回の一冊をまとめる上での、貴重な学恩であったと感謝している。

小著をまとめるに当たっては、先学の出版物を参考にさせていただいた。大喜多甫文さん、小島孝夫さんのご労作、そのほか、鳥羽市の海の博物館ならびに志摩市の伊勢志摩国立公園横山ビジターセンターのそれぞれの調査報告書などである。また、伊勢市二見町にお住まいの北井誠也さんと、志摩市和具の伊藤芳正さんからは、貴重な写真を快く提供して戴くことができた。

私が日本の漁村各地を歩き、そこに住む人びとから話を聴いて記録を始めてから、早くも二五年に入る。多くの方々のご支援を受けて世に出た聴き書き集は、共著も含め一四冊である。それにしても巻を追うにつれ、だんだんつまらなくなっていくとすれば、それはいつになっても沿岸漁場が回復しないからであると、罪は日本の海になすりつけておこう。

なお、小著の出版までには、漁協経営センター会長山本辰義さんほか山本義樹さん、島田和明さんから、細部にわたってご教示を受けた。これらさまざまな人のご縁で、一冊が世に出たことに、深くお礼を申し上げる。

二〇一三年九月一〇日

川口　祐二

川口祐二出版一覧

No.	書　　名	出版年月日 出　版　社
1	女たちの海―昭和の証言	1990.8.30 ドメス出版
2	島に吹く風―女たちの昭和	1993.7.30 ドメス出版
3	波の音人の声―昭和を生きた女たち	1995.5.30 ドメス出版
4	潮風の道―海の村の人々の暮らし	1997.7.20 ドメス出版
5	海辺の歳時記	1999.4.15 北斗出版
6	苦あり楽あり海辺の暮らし	2002.2.28 北斗出版
7	渚ばんざい―漁村に暮らして	2003.6.10 ドメス出版
8	光る海　渚の暮らし	2004.11.20 ドメス出版
9	石を拭く日々―渚よ叫べ	2005.10.10 ドメス出版
10	伊勢湾は豊かな漁場だった ―伊勢湾漁師聞き書き集	2005.10.15 風　媒　社
11	甦れ　いのちの海 ―漁村の暮らし、いま・むかし	2007.6.10 ドメス出版
12	漁村異聞―海辺で暮らす人々の話	2009.4.30 ドメス出版
13	島をたずねて3000里―漁村異聞その2	2010.6.20 ドメス出版
14	島へ、岸辺へ―漁村異聞その3	2012.3.1 ドメス出版

※No.10は共著

著者略歴

川口　祐二（かわぐち　ゆうじ）

1932 年、三重県に生まれる。
1955 年、早稲田大学卒業。
1989 年３月、三重県度会郡南勢町教育委員会事務局長を退職。在職中より漁村にかかわる実践運動を展開し、70 年代初めには、いち早く、漁村から合成洗剤をなくすことを提唱する。

88 年 11 月、岩波新書別冊『私の昭和史』に採られた「渚の五十五年」が反響を呼ぶ。日本の漁村を歩き、漁村の暮らしを記録する仕事を続けている。同時に沿岸漁場の環境問題を中心にエッセイを執筆。『月刊 漁業と漁協』、『しま』ほか、雑誌新聞等への執筆多数。
現在、三重大学客員教授、三重大学の「海女研究会」に所属。

1983 年年度　三重県文化奨励賞（文学部門）受賞
2001 年７月　（財）田尻宗昭記念基金より、第 10 回田尻賞を受賞
2002 年２月　（財）三銀ふるさと文化財団より、三銀ふるさと三重文化賞を人文部門で受賞

海女、このすばらしき人たち

2013 年 10 月 31 日　第１刷発行

著　者　　川口　祐二

発行者　山本　義樹
発行所　北 斗 書 房
東京都江戸川区一之江８－３－２　〒134-0024
TEL 03(3674)5241　FAX 03(3674)5244
URL http://www.gyokyo.co.jp

ISBN978-4-89290-025-9

定価はカバーに表示
表紙デザイン　クリエイティブ・コンセプト
印刷・製本　モリモト印刷